育児日記が語る
赤ちゃん心理学 I

田子亜木子・中野尚彦 著

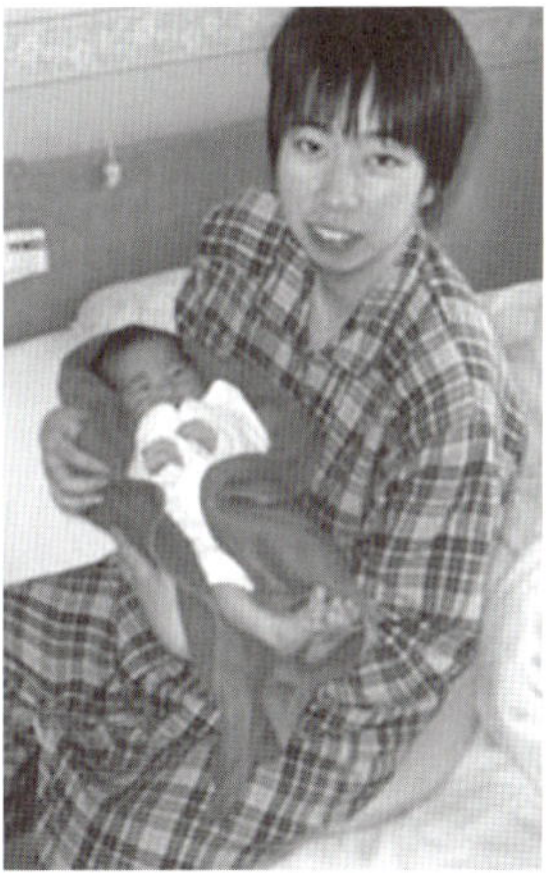

川島書店

前書き

第一子（長女）出産の時に「育児日記」のホームページを作りました。

今にして思えば、子育てというのは謎解きの連続でした。この子は何を求めているのか、何を考えているのか、どう対処すればいいのか。謎が解けた時は嬉しく、それを書き留めておきたくなります。逆に解けないと、問題が解決せず母子の抗争が長期化し、疲れ果てて敗北感に責められます。子育ては、我が子の行動に対して「なぜだろう」と考え続ける作業でした。

そういうわけで、そのとき感じたそのときのことを書き留めてきただけの「育児日記」ですが、子どもについてのたくさんの発見を記録しておく場になりました。子育ては興味深いことばかりで、それを書き留めるのは楽しいことでした。

もともと身内への近況報告を兼ねた私のための記録ですから、本にすることなど考えていなかったのですが、実家の父が、乳幼児心理学の教材にお誂え向きだと言って、この本の出版ということになりました。そういう職業の父から私も子どもの心というものについての興味深い所見やアドバイスをたくさんもらうことができました。

気儘に書きためた記録は十年間で膨大なテキストファイルとなりました。読み返すのも大変で、よく書いたなあと自分で感心します。長女出産の二年後に第二子（次女）を出産し、そこから「育児日記」は二人分になるのですが、とりあえず次女出産までの記録を選別・整理して、第一巻としました。文字では書くのがむずかしいところを挿絵にしてみたところ、父の注文で挿絵の数が増えました。

子どもたちが大きくなるにつれ、次第に育児日記を書く間隔が長くなっていき、長女十歳、次女八歳のころには、とうとう書かなくなりました。なぜでしょう。ネタがないわけではないのです。ただ「子ども」という未知なる生物との日々というよりも、普通の人間同士の関係になって、人に公開するような内容ではなくなってしまったということなのです。

ホームページ公開以来、身内以外の方からもたくさんの感想をいただき嬉しく思っています。現在ホームページの更新はもう行っていませんが、引き続き公開はしています（http://www006.upp.so-net.ne.jp/akikotg/index.htm）。感想をいただければ幸いです。

二〇一五年一〇月

田子亜木子

目次

〈零歳前期〉

〈零歳後期〉

（本文さしえ・田子亜木子）

〈誕生編〉

遅れた来訪者（二〇〇三・三・二〇）

予定日から二週間目。早朝入院。夕方、無事出産。三八〇五グラムの、我ながらどうやって産んだのだろうと思うくらい立派な赤ちゃんでした。

陣痛中の開戦（二〇〇三・三・二〇）

対空砲火が、夜空で光った。分娩室で陣痛に苦しみながらテレビを見ていた私は、イラクがどうなろうともはや知ったこっちゃない状態でした。ただ、難民があふれ出せばその中に妊婦もいるだろうと思うと、せめてユニセフへの寄付だけは続けようなどと、ぼんやり思ったのです。（「その日、身重の女と乳飲み子をもつ女は不幸である。」マタイ二四―一九）

陣痛に関する考察（二〇〇三・三・二〇）

産みの痛みというのは、要するに陣痛の痛みです。なぜ陣痛はあんなに痛いのでしょう？　最後の段階でいきむわけですが、あの「いきみ」というのは、理性が残っている状態ではとてもできるものではありません。陣痛から逃れたい一心で、無我夢中でやるのです。そう考えると、陣痛にも意味があるのかもしれません。

万難を排して立ち会おう（二〇〇三・三・二〇）

私の出産には夫が立ち会ってくれました。助産師さんの指示を聞いてるうちに、夫も要領を覚えてきまして。「ダンナさんに任せておけば大丈夫ね」とまで言われてました。しまいに、私はいきむのも限界にきて「頼むからちょっと休ませて」と目で訴えているのに、助産婦さん二人と夫との三人がかりで「はい、もう一回いきんで」「はい、息すって」「はい、もっと長く」鬼かと思いましたが。

感謝してますけどね、本当に。世の夫たちはためらわず出産に立ち会うべきですね。

愛はいつ芽生えるか？（二〇〇三・三・二一）

産んだ直後は放心して、わけがわからない状態でした。翌日から母子同室。おっぱいをあげて、オムツを替えて、といったサイクルが始まりました。一夜明けるころには刷り込みはほぼ完了し、「この世にこんなかわいい生き物がいるのか！」という気持ちになっています。その後は、たとえ泣きやまなくてイライラすることがあっても、「でもかわいいから」と思ってしまう。世話が大変でも、こんな状態もあと数ヶ月くらいだと思うと、やはりもったいなくなります。

以上のことから、最初の二四時間に親が子どもの世話と自分の体の回復に専念できる状況を作ってもらえば、親への刷り込み成功率はかなり高くなるのではないかと思われます。

最初に必要なおもちゃ（二〇〇三・四・一五）

退院してすぐだから、生後一週間くらいのこと。私が音を立てて動いたとき、娘がそれを目で追うのを見て、母がびっくりしたというのです。「この子はもう目が見えている。基本的なおもちゃを買ってきなさい。」という母の命により、「目で追うおもちゃ」と「音がでるおもちゃ」を買い出しに。

最初はガラガラ、その中でも昔ながらのカラコロという高い音の物にしか反応しません。一週間もすると、カラービーズ入りのザラザラ鳴るものも目で追うように。音に合わせて人形が動くオルゴールも見てくれました。メリーは最初目もくれなかったけど、高さを変えて目の上三〇㎝までもってきたら、じっと見るようになりました。ぬいぐるみに手を伸ばすのはまだまだ先のようですが、ダンシングうさこ（おどるミッフィーのぬいぐるみ。動力源：夫）は気に入ったようです。

理論上は可能なはず（二〇〇三・四・一七）

理論上、赤ちゃんの方が大人より睡眠時間が長いのだから、赤ちゃんが寝ているとき一緒に寝るようにすれば、睡眠は足りるはずなんです。最低限の家事や、自分の食事時間なんかを差し引いても、まだお釣りがくるはずなんです。この理論でいけば、子どもがどんなに泣いても、私は寝不足にならないはずなんです。そう思うと気が楽になりますね。本当かどうかはともかくとして。

子守歌の秘密（二〇〇三・四・二五）

子供を産むにあたって、いくつか子守歌をおぼえました。ゆりかごの歌、眠りの精、五木の子守歌……。

私「古今東西なんでこんなに子守歌があるのか、やっとわかった。」

夫「眠るから？」

私「寝てほしいから！」

いつもそうだというわけじゃないけど、疲れてるときなんかは頼むから寝てくれという願いを込めて歌うのです。昔の子守奉公の子は、もっと切実だったでしょうね。日本の子守歌にはそのパターンが多く、現代の実情にそぐわなくて、すたれてしまった気もします。

母乳の謎（二〇〇三・四・二五）

赤ちゃんが泣く。大声で泣く。お腹がすいたと泣く。すると乳首が痛くなって、みるみる母乳がこぼれてくる。これはいったいどういう仕組みによるものか、不思議でした。子を哀れに思う母の心が、無意識にホルモンを分泌し母乳の出を促すのか。あるいはひょっとして、赤ちゃんがフェロモンか何かで直接母の体に働きかけているのか。

しかしよく考えたら、最初のころはこうではなかった。常に母乳がたれるので胸にタオルを巻いていたのに、いつからか泣き声を聞いたときだけ出るようになり、タオルも面倒になってやめてしまっていました。まさにパブロフの実験そのもの、条件反射ですね。「泣き声を聞く↓乳を吸われる」を繰り返しているうち、私が条件付けされたようです。

独り言（二〇〇三・五・七）

「抱っこされてたはずなのに、気づいたらベッドに置き去りよ。これだからおちおち寝てらんないのよね。」

寝ぐずる子供の気持ちを代弁してみました。

情緒不安定のこと（二〇〇三・五・一三）

産後一週間くらいは、感情の起伏が激しかったですね。喜んだり、不安になったり、涙もろくなったり。ホルモンバランスの変化と言ってしまえばそれまでですが、もっと単純に「心配性の始まり」かもしれません。この無防備な存在に心癒される一方、虐待や犯罪の犠牲になった子ども達の苦しみをリアルに想像してしまい、この世の中でどうやって子どもを守っていけばいいのかと不安になり…。これまでの人生で、こんなに自分が弱い人間だと思ったことはなかったです。

情緒安定のこと（二〇〇三・五・一九）

ホルモンバランスが回復したのか、単に日常生活に紛れてしまうのか。忙しくなってくると、思考方法が「できる、できない」から「する、しない」に変わってきます。親というのは子どもを守ることばかり考えてしまいますが、いずれ子どもは自力で生きていく決意をするのでしょうね。反抗期が〝親の保護を拒否する宣言〟だとすれば、それが楽しみでもあります。

〈最初の一〇〇日〉

オムツレポート（二〇〇三・五・一三）

生後一ヶ月と二三日。抱っこされると、決して目線を合わせません。なにやら遠くをじっと見ています。そこでターゲットをロックオンして、目標にそろそろと接近。ターゲットはどうやら、室内に干してある洗濯物（オムツ）。そこで納得いくまで近くで見せてあげると、いつまでも真剣に眺めています。やがて飽きたのか、私の顔を見て、なにやらアーアーと話しかけてきます。どうやらオムツに関する新発見を報告しているようです。

はじめての絵本（二〇〇三・五・一四）

生後一ヶ月と二四日。抱っこして部屋を巡回すると、壁にかかっているカレンダーが気に入ったようです。白地に黒い数字が並んでいるだけなのに、飽きずに眺めています。ぐずるたびに抱っこして、カレンダーまで連れて行ったら、腕が疲れてきました。これは先月のでもいいのではないかと思いつき、古新聞の山の中から、捨てたカレンダーを拾ってきました。二人で仰向けに寝転がって、カレンダーを眺める。数字を読んできかせる。

これは絵本でもいいのではないかと思いつき、松谷みよ子の『いないいないばあ』と『さよならさんかく』を読んできかせる。それなりに気に入ったようです。意味もわからないのに、何がおもしろいのかなあ。

手と目に関する考察（二〇〇三・五・一七）

生後一ヶ月と二七日。なかなか物に手を伸ばすようにならない。と思っていましたが、抱っこしてメリーを見せていたら、手を出すしぐさをしました。メリーにはいくつか人形がぶらさがっています。しかし遠くの人形を目で追いながら、目標とは別の、近くの人形をたたいています。

考えてみれば自分の指をしゃぶっているときでも、自分の手元を見てはいません。

まず自分の手を見ることからでしょう。そして目と手元と目標物の三点が一致したとき、はじめて物に手が届くのではないでしょうか。しかし視界に入れるには、彼女の手は少々短いように思えるのです。

寝かしつける方法（二〇〇三・六・一）

生後二ヶ月と一二日。私は食事のしたくをしている間、夫が娘を抱いてあやしていました。娘は寝ぐずっていて、泣き止みません。食事のしたくを終えて、私「どれ、寝かすから、先に食べてて。」

娘は大声で泣いています。私は娘を抱いて、そのままじっと座っています。

泣き声にも波があります。泣き声が小さくなった時、すかさず子守歌を歌いながらそっとゆすると、ゆっくり目を閉じていきます。三番を歌い終えるころには眠っているので、そっとふとんにおろします。

夫「たいしたもんだ。」

私「一日に何回もやってますから。」

このようなノウハウは、むろんどの母親ももっているでしょう。この手法は、ほんの数日前に開発されたものです。「眠いけど眠れないフキゲン泣き」現象が四～五日前から顕著になり、それから一～二日の間に対策が確立されたわけです。子どもは日々変化するので、この方法もやがて無効になることでしょう。

遠い記憶（二〇〇三・六・五）

あれはいつの記憶でしょう。私が寝ていて、ふと目をあけると、そこにお母さんの目があって、こっちを見ている。眠るようにと、目を閉じるジェスチャーをするので、私も目を閉じるのだけど、眠れなくてまた目をあけてしまう。かなり古い記憶だと思うのですが。

こちらはもっとあとの記憶ですが、寝る前に母にお話をせがんだことがありました。その時はもう「寝る前のお話」は卒業していたと思うのですが、急にお話を聞きたくなったのです。母は最初断ったのですが、私がどうしてもとせがむので、「じゃあ、お父さんハナクソとAちゃん（私です）ハナクソの話でもいい？」と、かなりヤケクソな発言をしたのです。なぜお母さんハナクソじゃないのかと言えば、自分がハナクソになることを拒んだのでしょう。私はそれでいいと言いました。その話は、お父さんハナクソが右の鼻の穴に、Aちゃんハナクソが左の鼻の穴に住んでいて、その後の詳細は忘れましたが、最後に二人は別々の経路をたどってゴミ箱の中にぽとんと落ち、そこで仲良く暮らしたということです。

母のアドリブで語られたこの話は、途中はらはらさせながら最後は安心できるという、子どもが喜ぶツボがおさえてあったように思います。私はこの結末に満足して眠りました。子どもはとにかく、親や兄弟と一緒にいられるのが嬉しいのです。たとえハナクソになっても。

はじめてのお座り（二〇〇三・六・七）

生後二ヶ月と一八日。夫の祖父（つまり娘にとってはひいおじいちゃん）に会いました。祖父は九〇を過ぎていますが、二ヶ月ぶりに会ったひ孫のことはよく覚えていて、大きくなった、よく動くようになったと言います。

なんでもあげたがる彼が、今回くださったのは、籐椅子。「これに毛布を敷いてな、座らせとくといい。そうするとな、しばらく大人が手をかけなくてもだいじょうぶだ。」

まだ早いよ、じいちゃん。やっと首がすわってきたところだよ。しかし考えてみれば、親の膝の上ではお座りをしているわけです。それに最近は、起きているのに寝かせておくことに、なにやら違和感を感じてもいました。

そこで試しに座らせてみる。別に不都合はないようです。目は離せないけど、抱っこをせがんで泣くこともなく、おとなしくしています。視界が開けて気分がいいのでしょうね。

今は「おねんね期」で、「おすわり期」はまだ先のことという先入観があったようです。年寄りの知恵はあなどれないと思いました。

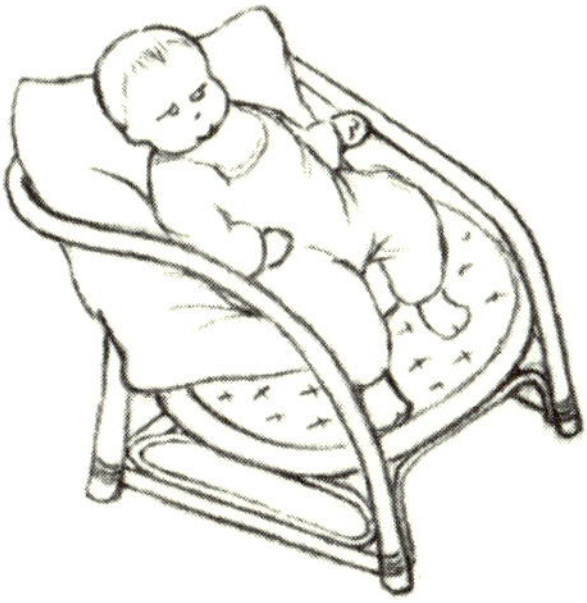

ひいおじいちゃんの籐椅子

赤ちゃんは苦労している（二〇〇三・六・二）

生後二ヶ月と一三日。お乳を飲ませようとしたら、乳首をくわえるのだけど、すぐに離してしまいます。手足をばたばたさせながら、くわえてはぷいと横を向き、またくわえては横を向き、と繰り返します。まったく落ち着きのない。飲むのか飲まないのかはっきりして、と言いたくなります。

あとになって、やっと気づきました。これは乳をくわえて、向こうにもっていこうとしているようなのです。つまり首の角度が苦しいのでしょう。もうちょっと楽な姿勢に変えてあげればいいようです。

赤ちゃんはいつも何かを言おうとしています。残念ながらそれを理解するのは、母親といえども容易ではありません。でも、赤ちゃんがわけのわからない行動をとったとき、決して怒ってはいけないのだなと思いました。

はじめての笑い声（二〇〇三・六・一）

生後二ヶ月と一二日。はじめて声を出して笑いました。私が抱いているとき夫があやしたら、笑ったのです。昨日やたらニコニコしていたのは、この前兆だったように思えます。

その声は、あえて文字にすると、「ハハッ、ハハッ」というのが近いでしょう。この声には覚えがあります。前にも何度かこんな声を出して、笑うのかなと思ったら、泣いていたのです。笑い声というのは泣き声から派生するのでしょうか？

声を出して笑おう（二〇〇三・六・四）

生後二ヶ月と一五日。娘の機嫌が悪い。要は眠いのですが、何度か寝そこねているうちに、本格的に機嫌をこじらせてしまいました。こうなったら絶対寝ようとしません。いくらなだめても、怒って泣き続けます。子どもの悲しい気持ちというのは母親にも伝染します。私は途方にくれてしまいました。

娘がイライラして「アーッ！」と叫びます。私も負けじと大声で「アーッ！」と叫んでみます。娘が叫び返す。私も娘の声の大きさに合わせて叫び返す。そんなことを続けているうち、娘がとうとう声をたてて笑いました。私もまねして笑う。しばらく二人で笑い合う。なごやかな空気が流れます。

とはいえ眠らないことには根本的な解決にはならないわけで、結局またフキゲンモードに戻ってしまい、泣き疲れて眠るまでそれは続いたのです。

最近の読書から（二〇〇三・六・一三）

新生児はかわいいと以前書きましたが、いつもかわいいわけではありません。

生後何日間かですが、時々焦点の合わない目で空中をみつめていることがありました。あの虚ろな目は、妙に大人を不安にさせるものがあります。本当に空中に何かいるのではないかと疑いましたが、体の向きを変えても視線は変わらないので、何かを見ているわけではないようです。きっとまだ物を見るのに慣れていないから、どこに焦点を合わせたらいいのかわからないのだろう。などと、自分なりに説明を考えていました。

ものの本によると、新生児は時々トランス状態になるのだそうです。そうか、あれはトランスしていたのか。その本というのが、大学時代の恩師に勧められたもので、『誕生を記憶する子供たち』（デーヴィット・チェンバレン著）です。胎内記憶や誕生記憶に関する本は最近いくつかあるようですが、この本は新生児の能力について最近の研究成果を幅広く紹介していて、おもしろいものでした。自分の子供とどう接するかについても参考になった本です。

おもちゃ改造計画（一）（二〇〇三・五・二七）

生後二ヶ月と七日。物に手を伸ばすようになったので、上空を回る人形を眺めているだけでは物足りなかろうと、メリーの改造を試みました。ひもでぬいぐるみをぶら下げてみる。クリップで長さを調節し、寝ている娘のぎりぎり上を通過するようにする。

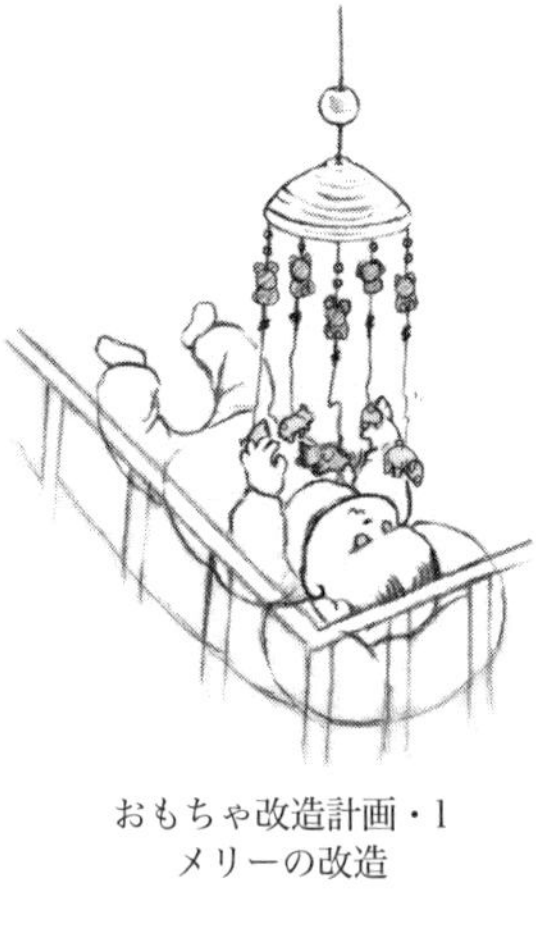

おもちゃ改造計画・1
メリーの改造

予想以上の効果でした。手足をばたばたさせて興奮しています。タイミングを見計らって、ぬいぐるみにそっと手を伸ばす。リーチは充分なのに、なかなか届きません。そのうち癇癪をおこして手をふり回し、手が当たったぬいぐるみたちが、勢いよく揺れました。
（追記。一ヶ月たった今でも、メリーを動かすと娘は手足をばたばた動かします。ぬいぐるみにタッチするのは、ずいぶん上手になりました。）

おもちゃ改造計画（二）（二〇〇三・五・二七）

生後二ヶ月と七日。物に手を伸ばすだけでなく、つかんで口に入れようとするので、練習用に手頃なものがないかと考えました。おもちゃのぶら下がったジムがありますが、おもちゃの位置がやや高く、手が届きません。ひもで長さを調節して、目の前まで下げてみる。顔にぶつかりそうなので、やめました。小さなガラガラをぶら下げてみる。つかんだはいいけれど、口までもってこられないので悲しそうです。ゴムひもでぶら下げてみる。跳ねて危ないので、やめました。横棒を渡して輪っかをくぐし、ガラガラをぶら

おもちゃ改造計画・2
改造ジム

下げる。スライドするようにしてみたのですが、顔にぶつかることに変わりはないです。

　顔の真上ではなく脇の方に、ガラガラをぶら下げてみる。金具をいくつもつなげて、長さを調節する。今度はうまくいきました。手を横に伸ばしてつかもうとする。まだうまくつかめないけど、押さえつけて口までもっていく。なんとかしゃぶることに成功。

が、なぜか娘の機嫌が悪い。試作品ができるたびにテストにつき合わせたので、いいかげん疲れたようです。良かれと思ってやったのですが。

（追記。この改造ジムは、今でも役に立っています。つかむのは難しく、なかなか上達しません。）

百日記念クイズ（二〇〇三・六・二九）
ちっちゃくって、あったかくって、ふわふわしてて、いいニオイのするもの、な～んだ。（〇ヶ月。）
小さくって、暖かくって、ムチムチしてて、楽しくなるものな～んだ。（三ヶ月。）

独り言（二）～野望編～（二〇〇三・七・一）
「いつかあそこまで這っていってやるぞ。あそこにある本、全部ひっぱり出してさわってやるぞ。」
　私の膝から身を乗り出し、本棚をじっと見つめる娘の気持ちを代弁してみました。

笑うこと、笑わせること（二〇〇三・七・一〇）

よく笑うなあと思う。お母さんが話しかけたといっては笑い、お父さんがあやしたといっては笑い、知らない人と目が合ったといっては笑う。毎日そんなに楽しいのでしょうか。そんなに毎日嬉しいことがあるのでしょうか。これはちょっと意外でした。私も赤ちゃんのころはこんなに笑っていたのでしょうか。

声を出して笑うのは、ちょっと特別な場合です。夫があやすとよく笑います。あやし方がダイナミックなのか、珍しいものを見たと思っているのか。夫は普段家にいないのです。

私が笑い声を聞くには、何か新しい遊びを開発しなければならないようです。最近うまくいったのは、顔を急に接近させて鼻をくっつける遊び。これはよく笑ってくれました。そんなわけで、娘の笑顔を見ることが、私の毎日の目的となっています。

遠い記憶（一）〜間抜けな思い出〜（二〇〇三・七・一八）

私が小学生の時のことです。私は何かの用事で校庭に出ていました。寒い日で、私はふるえていました。寒いと思わず体に力が入ってしまうものですが、ふと、実は顔にも、無意識のうちに力が入っていることに気づいたのです。なぜだろう？　力を抜くとどうなるのだろう？　試してみたところ、目の回りに冷たい空気がじわっとしみてきて、涙がぽろぽろ流れてきました。びっくりして涙を流しているところを先生に見つかり、どうしたのときかれました。私はどう説明したらいいかわからず、「寒いから」と、かなり端折って答えました。先生は驚いて上着を貸してくれました。

この話が友達に知れ渡り、私は「寒いから泣いた」ということでさんざん馬鹿にされましたが、けっきょく誰にも本当の理由を話しませんでした。当時はうまく説明する自信がなかったのと、私はもともと泣き虫だから、言っても信じてもらえないと思ったのです。

だから、今になって私は思うのです。子供というのはなんて難解な生き物なのだろうと。

よその子観察日記（二〇〇三・七・一三）

友人に誘われて、何人かで市内のコンベンションセンターに行きました。敷地内には、石畳の上に薄く水を流している、広い池のような場所があります。そこに同じ年齢（一歳二～三ヶ月）の男の子が三人、裸足になりました。

A君は水の上をばしゃばしゃと、遠くまで走っていきます。水はどこまでいっても同じように浅いのですが、岸からの距離を気にしないこの行動は、かなり大胆なように思えました。B君は水がある場所とない場所の境目をまたいでしゃがみ、片手でぱちゃぱちゃやりながら、そこを動こうとしません。境目は水が流れ込む溝があるだけで、高低差はないのですが。C君はハイハイして水辺に近づき、しばらくぱちゃぱちゃやっていましたが、むしろ乾いた石畳の模様に興味があるらしく、水から離れてハイハイしていきました。そしていろいろなものを発見していました。

私はこの光景に大変興味をそそられました。娘が一歳になったら、ぜひここに連れてこようと思います。どんな反応をするのか楽しみです。


つかむこと、その後（二〇〇三・七・二四）

おもちゃ改造計画（二）のところにも書きましたが、生後二ヶ月のとき、物をつかんで口に入れようとする意志が見られました。しかし練習台を作ってあげても、一向に上達しません。理由は、親指の使い方にあります。親指が他の四本指の反対側にくれば太い物もつかめるのですが、そうでないとむしろ親指は、位置的に物をつかむのに邪魔ですらあるのです。親指を意識して使えるようになるには、いったいどれだけ練習すればいいのでしょう？

ところが三ヶ月になると、娘が急に物をつかむことに対して積極的になったのです。今までは寝転がっているとき目の前に吊された物に手を出すだけでしたが、膝の上に座らせているとき、私が持っている物に手を伸ばすようになりました。そして苦もなく、ひょいとつかんで持っていってしまうのです。

いったいどうやって、あの高等技術をマスターしたのか？　なんのことはない、最初から手をパーに開いているので、自然に親指が反対側にくるのです。自然にできるようになるんですね。

どうでもいい話（二〇〇三・七・二四）

子供の百日のお祝いで、夫の両親と食事に。食べられそうな物は娘にも少し食べさせてみました。

義父「ワイン飲むか？　どれにする？」

夫「シャブリにしようか。」

私「〝お〟をつければこの子にもあげられるね。」

寒いギャグを言ってしまった時にちゃんと突っ込んでくれなかったというのは、離婚の正当な理由にはなりませんかね。

〈零歳前期〉

お父さん、オムツを替えてますか（二〇〇三・七・二八）

うちの夫は娘のオムツを替えてくれるので、そんなものだと思っていたら、意外と替えてくれないお父さんもいるみたいですね。おしっこなら替えるけど、ウンチだと替えない人もいるとか。乳児のウンチがそんなに汚いですかね？

でも、替えといた方がいいですよ。特に娘の場合。将来、年頃の娘が「お父さんくさい」「洗濯物一緒にしないで」などと言い出したとき、「おまえのオムツ替えてやったのに！」「ウンチふいてやったのに！」の一言が言えるかどうかは大きいですよ。

四ヶ月健診における社会性の芽生え（二〇〇三・七・二九）

四ヶ月健診に行ってきました。一ヶ月健診の時と、なにやら様子が違います。待合室では、娘は同類をたくさん見つけてごきげんです。着替えのため何回かベッドを使うのですが、そのたびとなりの赤ちゃんとアイコンタクトをとり、ニコニコ笑ったり、手を伸ばして握手をしています。一ヶ月のときは、このようにはっきり仲間への興味を示す子は少なかったと思うのですが。

特に印象的だったのは、寝返りができる子がとなりにいたとき。その子はお母さんが着替えさせるそばから、ころんと寝返りをうって近づいては、うちの娘の手に自分の手を重ねるのです。手を握ろうとする意志がもっともはっきり認識できた子でした。

友人のNさんに四ヶ月健診の様子を聞いたところ、やはり「赤ちゃんは必ず握手する」との証言が得られました。そこでNさんの娘Nちゃん（うちの娘と一週間違い）と、並べて寝かせてみました。今まではお互いそれほど興味を示さなかったのに、今日はちゃんと握手をするではありませんか。もっともうちの娘は、いつも私の手でやっているように、相手の手を自分の口に持っていこうとしましたが。

赤ちゃんの「お話」は言語か？（二〇〇三・七・三〇）

娘は生後一ヶ月くらいには、よく「お話」をするようになりました。相手（主に大人）の顔を見ながら、あーとかうーとか、ここには書けないような複雑な音声とかを出し、明らかに何かを伝えようとしています。こちらが真似して答えてあげると、どんどん「会話」が進むのです。年配の女の人たちはよくわかっていて、「あら、お話するの」とほめてくれます。

Sさんには二歳の娘（Hちゃん）がいて、カタコトながらよくしゃべります。うちの娘がHちゃんに「話しかけた」とき。Sさんは「あんたなら何言ってるかわかるんじゃないの？」と言いました。私は期待に満ちたまなざしで待っていたのですが、残念ながらHちゃんは通訳はしてくれませんでした。赤ちゃんどうしなら、話が通じるのでしょうか？

うちの娘と一週間ちがいのNちゃんは、喜ぶと「キャーッ！」とかん高い声で叫びます。これは娘には出せない音声です。前回（四ヶ月健診）の話の続きですが、二人が握手したとき、Nちゃんは喜んでキャー、キャーと叫んでいました。娘は、「何語を話したらいいんだろう」といった顔で固まってしまいました。赤ちゃんどうしでも、話が通じるとは限らないようです。

痛みの学習（二〇〇三・八・五）

娘は四ヶ月健診でツベルクリン注射をされました。同じ日に小児科で、アトピーの血液検査のため採血をされました。その二日後に、ＢＣＧをうたれました。

さらに五日後、友人につきあって、母と子のマッサージ講習に行ってきました。他に三組の母子が来ていました。その状況に娘は何か思い当たることがあったらしく、急に大声で泣き始めました。それは抗えない運命への悲しみというより、なんとかして阻止してやるぞという決意のこもった泣き方でした。注射されないとわかると、けろっとしてごきげんでした。

母親仲間の一人は、この泣き方を「嘘泣き」と表現しました。曰く、声を出しても涙は流さず、ＢＣＧがすんだらぴたっと泣きやんだと。（その子はＢＣＧの接種前に泣き出したのだから、うちの娘より早く学習したわけです。）嘘と言ってしまえば言い過ぎかもしれませんが、意図的に泣いているわけです。

私は小学二年生まで注射で泣いていたそうです。娘が私と同じ泣き虫になったら、こう言ってあげようと思います。「だいじょうぶだよ、お母さんも泣き虫だったけど、大人になったら治ったよ。」

すねる（二〇〇三・七・一二）

生後三ヶ月と二二日。娘をベビー用カートに乗せて買い物。買い物が済み、友人がＡＴＭに行っている間、通路の隅にカートをとめて、横にしゃがみました。私が声をかけても娘は振り向きません。じっと通行人の群れを見ています。

娘が身じろぎをしたひょうしに、娘の肘が私に触れました。娘はすぐ肘を引っ込めました。まるでお母さんがそこにいないかのように振る舞おうとしているようです。

推測するに、私が買い物をしている間、娘をかまってやらなかった。あるいは娘が何か面白いものを見つけて、お母さんに教えようとしたのに、私は友達との会話に夢中で気づかなかった。それで怒ってしまったのでしょうか？

私はじっと待ちました。やがてまた娘の肘が触れたけど、今度は引っ込めませんでした。しばらくして娘がゆっくり振り向きました。お母さんが自分を見ていることを確認し、笑みが浮かびます。それからあーあーと（さっき言おうとして聞いてもらえなかったことでしょうか?・）、話しかけてきます。私もあーあーと返し、しばらく「会話」しました。

娘の気持ちについては、私の子どもの頃の事を思い出しながら推測したにすぎませんが、生後わずか三〜四ヶ月の時点ですでにこういう心の動きがあるとしたら、ちょっと驚きです。

足を乗せる（二〇〇三・七・二三）

生後四ヶ月と三日。私が朝起きると、誰かと腕を組んでいました。よく見たら、私の右腕と娘の左足が組んでいたのです。何が起こったのか。

娘の独特の寝相は、頭の形と関係しているらしいのです。娘は生まれた時の圧力のため後頭部がいびつで、左が平たく、右がとがっています。それでいつも左を向いて寝ています。寝苦しいとき（オムツがぬれているとかお腹がすいているとか）、なぜか首をぶんぶんと左右に振ります。すると頭は必ず右へ右へとずれていく。そして体全体は、腰のあたりを中

足を乗せる

心に反時計回りに回転します。娘の角度が五〇度ほどずれたところで、私の腕に足が乗っかったようです。この話を友人Nさんにしたところ、赤ちゃんは何かに足を乗せたがると言います。確かにその後、娘は足を乗せる事に積極的になっていったようです。
生後四ヶ月と二五日。夜寝ていて、娘が急に泣き声を上げました。こんなときは手を握ってやれば、すぐ泣きやみます。しかしこの日は、それだけでは済みませんでした。私の腕に足を乗せてきたのです。遠いので、乗せては滑り落ち、乗せては滑り落ち、それを何回も繰り返すうち、とうとうまた泣き出してしまいました。ちなみに夫はとなりに寝ると、必ず腕に足を乗せられると言います。

足をつかむ（二〇〇三・八・二四）
以下は、私と父とのメールのやりとりから引用しました。
私「今のところ、寝返りをする気はないようです。もっぱら自分の足の指を掴むのに夢中です。」
父「何故足の指を掴むと思いますか。」
私「はて？　単に掴む物がないときに掴むんじゃないかな。
両足を高く上げる動作は、かなり早い時期から見られました。暑いときにふとんを蹴り脱ぐという、実用性から生まれた動作だと思いますが、おもしろがってやるようになりました。足をしゃぶろうとすることもあるけど、掴むだけのこともあります。

こうも考えられます。この時期、手は外界を探る探知機の役割をしているけど、足も同様の役割をしている。（だからお母さんがとなりにいると、ぽんと蹴ったりする。）だから手と足が出会うと、そこで自己完結して、安定したポーズとなる。」

父「そうだね。手も足も外界探知機だから出会って自己完結する、おもしろいね。おとなの腕組みや足を組むのも同じかもしれない。手ごろな掴むものでもあるし、実用性が発端でおもしろがってやる、それもそうだね。」

足をつかむ

酔っぱらい親父顛末記（二〇〇三・八・一三）

生後四ヶ月と二三日。私と娘は一緒にベッドで寝ていました。深夜三時、夫が帰宅。酔っぱらってご機嫌。三人で寝るにはちょっとせまいので、私は夫に、娘をベビーベッドへ移動させるよう指示。娘はすでに熟睡しているので、だいじょうぶでしょう。しかし夫がもたもたしているうちに、娘は目を覚ましてしまいました。珍しく父親がいるので興奮したのか、背中をぽんぽんと叩いても寝ません。

「いいよ、いいよ、起きてなさい。お父さんがつきあってやるから。」

夫はそう言って、ベッドで娘を真ん中に、川の字の配置にしました。よせばいいのに「お父さんですよ〜」などと言うから、娘はますます興奮します。あなたが起きてたらこの子が眠れないんだから寝なさいと言うと、夫は素直にぱたんと眠りました。

時すでに遅く、娘はすっかり興奮しています。お父さんを蹴ってみる。お母さんを蹴ってみる。両方いっぺんに蹴ろうとして、思い切り開脚する。寝返りをうたんばかりに反り返り、お父さんの指を両手ではっしとつかみ、ひっぱる、叩く。お父さんは起きない。私は寝たふりをしていましたが、やがて娘が泣き出したので、しかたなく座っておっぱいをあげました。どうせ明け方、一度はやらなければならないし。

その時、目の前で信じられない光景が。夫が寝返りをうち、水平に伸ばされた夫の腕が、ものすごい勢いで振り下ろされたのです。腕はさっきまで娘が寝ていた場所で、小さな枕を吹っ飛ばしました。

娘に腕が当たっていても大事には至らなかったとは思いますが…。娘はおっぱいを飲み続け、寝たのは四時半でした。翌日、私が家事をすべて夫にやらせたことは言うまでもありません。

発声練習の謎（二〇〇三・九・一一）

生後三ヶ月と一九日。最近、発声練習に余念がありません。オムツ替えの時などに、母音を長く伸ばすようにして唸っています。何をハイになっているのでしょう。

生後三ヶ月と二二日。最近、かん高い声で叫ぶようになりました。オムツ替えの時などに、キャーッ、キャーッと叫んでいます。何か気に入らないことでもあるのでしょうか。

生後三ヶ月と二九日。最近、破裂音を覚えました。オムツ替えの時などに、あばば、ばぶぶとさえずっています。何か楽しい事でもあったのでしょうか。

生後四ヶ月と二一日。最近、ぱ音（〝ば〟とも聞こえる）を重点的に出します。頭に〝あ〟をつけることもあります。ずっと同じ音程で、一音ずつ区切りながら、ぱ、ぱ、ぱ、とか、あ、ば、ば、とか歌っています。なんだか楽しそうなので、私も一緒に歌っています。

人見知りのこと（二〇〇三・九・一五）

よく、人見知りはするかと聞かれます。かまって泣かれても困るから、と。

難しい質問ですね。もちろん母親と赤の他人とに対する態度が同じはずはないけれど、人見知りなのか、よくわかりません。

生後五ヶ月、初めて実家に帰省しました。私の父（つまり娘の祖父）が、娘に向かって話しかけます。娘はじっと見ていますが、そのうちワッと泣き出す。こんなことが何度もありました。父はしばらく観察したのち、「顔を見ていて泣くのは〝抱っこしろ〟、抱っこして泣くのは〝立て、歩け〟である」と結論しました。良く見ると確かに、泣く直前には体を前に乗り出しています。そして、父に抱かれて本棚を見に行くのが楽しいようです。こちらが何もしなければ、子供もどうしたらいいかわからず、困って泣くのだろう、とのことです。

家に戻ってから、スーパーで買い物をしていたら、二歳くらいの男の子を連れたおじいちゃんがあやしてくれました。娘は最初喜んでいましたが、突然大声で泣き出しました。その泣き方は、父に見せた泣き方に似ていました。知らないおじいちゃんに抱っこを期待するとしたら、そんなものを人見知りと呼べるのでしょうか？

育児のキーワード（二〇〇三・九・一九）

育児に関する情報はいろいろなところで得られます。自治体、財団法人、育児書、育児雑誌、新聞、口コミ…。自治体などが配る冊子類を見ると、赤ちゃんの目を見て話しかけましょうなど と、もっともなことが書いてあります。当たり前すぎると思って書かなかったことが、実はどの母親にとっても当たり前とは限らないと気づいたことが、またひとつ文化の成熟度が進んだと言うべきなのか…。

育児には流行があるけれど、（そしてどうもこの流行というのは、しばしばアメリカからくるようだけど。）今の育児の流行は「抱き癖を気にせず抱く」がキーワードのようです。どこでもこう言われるところを見ると、おそらく「抱き癖がつくので抱かないようにしましょう」と言われた時代があって、その反動で必死に訂正していることは想像にかたくありません。そこで母に、私たちを育てたときそのような事を言われたかたずねたところ、「言われたけど全部無視した」とのこと。ありがたや。

寝返りに関する考察（二〇〇三・九・二二）

一〇日ぶりに会ったとき、うちの娘とNちゃんは、まったく別々の方向に進化していました。Nちゃんは寝返りが自由自在にできるようになっていました。うちの娘はお座りができるようになっていました。うちの娘も、寝返りができないこともありません。しかし上達せず、補助をつけないとなかなかできないのです。

一ヶ月くらい前までは、娘を観察していて、寝返りのような高度な技をどうやって習得するのか不思議でした。いったい寝返りとはどうやってするのか。夫は何度か転がってみた後、肩からではないかと言います。腰から回そうとすれば、まず足を回さなければならないと。

しかし、実際に娘が寝返りするのを見ると、そこはたいした問題ではないかもしれません。肩も腰も回せばいい。そうやって体を横向きにする。そこまでは簡単。問題はその先にあります。そこから自然に、こてんと倒れることはない。それには片手がじゃまです。そこから先は明確な意志のもとに、肩の上によいしょと起きあがり、自分の片手を越えていかねばならない。そうして腹這い状態になって、初めて寝返りと言えるでしょう。

娘のお尻を押さえていると、やがて肩で起きあがり、腕を乗り越え、腹這いになります。一番難しいところを難なくクリアするところを見ると、やはりやる気の問題ではないでしょうか。

お座りができると世界が変わる（二〇〇三・九・二九）

育児はだんだん大変になるという言葉を、私はあまり信じていません。きっとだんだん楽になるに違いないと。娘が六ヶ月になり、夜泣きをするようになりました。その点では大変です。しかしお座りをするようになって、昼は格段に楽になりました。ねんねのころは、長くほっておくことはできませんでした。ジムなどおもちゃを与えても、すぐに飽きてお呼びがかかりました。お座りすると、長いこと一人で遊んでいるので、私はゆっくり家事ができます。

座ったからといって、することはたいして変わっていません。ねんねの時と同じように、おもちゃをしゃぶっているだけです。なのにお母さんはもう要らないというのでしょうか。今までもイスなどを使ってお座りさせていたからわかっていたはずですが、予想以上でした。ねんねよりはイスでお座り、イスでお座りよりは自力でお座りの方がいいようです。

娘は箱の中から次々おもちゃを取り出しては、好きなだけしゃぶって床にすて、次のおもちゃを取り出します。柔軟体操の要領で体をぺたんと折り曲げ、上半身を半径とする半円を描いて床を探索しています。そしてさらに、そこから行動が発展するのでした。続く。

お座りからの展開（二〇〇三・九・三〇）

お座りするようになってほどなく、その状態からころんと前に転げて腹這いになるという技を習得しました。

ちなみに後ろに倒れて仰向けになった場合どうするか。お母さんが近づくのを待って「抱っこして」のポーズをとる。このポーズは、両腕を広げて手のひらを上に向け、目は見開き眉はしかめるのがポイントです。

さて腹這いになったあとはどうするか。おそらく前へ進みたい。しかしどうすればいいのでしょう。時々お尻を持ち上げてみる。これは理にかなっているような気がします。お腹が床についていると、足が宙に浮いてしまうからです。そのまま顔を床につけて、顔面匍匐を試みますが、これは間違っています。頭をしっかり上げてみたりもします。手が自由に動きません。ねそべって両手を広げてみたりもします。どうやら飛んでいくつもりのようです。

抱っこしてのポーズ

なしてこったらめんこいの（二〇〇三・一〇・一五）

子どもを産んでから、北海道弁をいくつか習得しました。それというのも、娘がミルクをはばけたり、顔をかっちゃいたり、歯が生えていずがったり、椅子におっちゃんこしたりするからです。

あずましいという言葉は以前から知ってはいたけど、使ったことはありませんでした。「この部屋は吹き抜けであずましいね」と言われたときには、ほめ言葉かどうか一瞬考え込んだものです。それをなぜ習得したかというと、赤ちゃんを連れて外食するのがあずましくないかどうか、という問題があったからです。結論としては、やり方さえ工夫すればあずましくないことはない、ということがわかりました。我が家ではわりとどこへでも、娘を連れていきます。

先日、娘を連れて地下鉄に乗りました。娘は人の顔をじっと見つめては愛嬌を振りまき、となりにいた女子高生はこうつぶやいていました。「なまら癒し系ー。」

目線の高い方が勝つ（二〇〇三・一〇・一八）

同じくらいの歳なのに、移動方法は子どもによって様々です。娘より一ヶ月上のR君は、お腹が床にべたっとついた、いわゆる〝ずり這い〟で活発に動き回ります。見ると両手を交互ではなく、同時に動かして床をけって進んでいます。半月上のHちゃんは、ちゃんと四つんばいになってハイハイしていきます。どこへ行くにも自由自在で、段差も気にしません。一週間上のNちゃんは、ころんころんと寝返りをうって、器用に目的地に転がっていきます。

六ヶ月になる私の娘は、でんと座っています。これを移動方法と呼ぶのは無理がある気もしますが、少しずつ前に進んだり向きを変えたりもしているのです。そして他の子が寄ってこようものなら、上からぺちぺちと顔を叩いて泣かせています。今のところ全勝です。

子守歌の効能（二〇〇三・一〇・二〇）

子守歌は、どれを歌っても効果に大差ないようです。ではなぜレパートリーが多いのかといえば、歌う私の方が飽きてしまうからです。子守歌は、歌

ずりハイ

高バイ

ハイハイ

えば子供が必ず眠るという便利なものではもちろんないけれど、荒れた気を静める役に立つので、歌うタイミングによっては劇的な効果を発揮します。大声で泣きわめいているときは、聞く耳もたない状態なので、歌っても意味はありません。泣き声がとぎれた瞬間や、眠いのに気が散って眠れないときなどには有効です。機嫌がいいときに顔を見ながら歌ってあげると、喜んでゲラゲラ笑ってくれます。私は寝て欲しかったのですが…。

回転のこと（二〇〇三・一〇・二八）

座っていて、いきなりぱたんと倒れたりするので、後ろにクッションをしいておきます。気がつくと向きが変わっているので、クッションを移動させます。ちょっと目を離した隙に向きが変わり、床（絨毯）で頭を打って大泣きしてしまいます。

娘が必ず左方向に回転しているということは、夫に指摘されて初めて気づきました。そこで向きの変化を見越して、右後ろにクッションを置きます。これならだいじょうぶ。

なぜ左方向に回転するのか？　私は単純に、もともと左を向く癖があるので体もそっちに回るのかと思っていました。しかし夫は、右足が利き足であり、右で床を蹴るせいだろうと言います。なるほど、右足でぐっと床を蹴る。体がぐるんと左に回る。これを三回ほど繰り返すと、だいたい一回転になります。

前に出ようとして、左前方にぺたと両手をつき、右足をうしろに投げだすと、ほとんど腹這いの姿勢に見えます。が、左足がじゃまです。前方に〝あぐら〟の形で残っているのです。そこで腹這いを諦め、すすすとお座りの姿勢に戻る。これではいつまでたってもハイハイしそうにありません。

ふがし（二〇〇三・一一・三）

五ヶ月ごろのことです。それまで手にしたものは何でも口に入れていたのですが、口に入れるものを選ぶようになりました。ティッシュや布など柔らかいものはなめる気がしないようです。プラスチックや木など、固くて複雑な形のものを好んでなめます。六ヶ月になって、赤ちゃん用の菓子や果物といった固形物を手に持って食べるようになりました。

前置きが長くなりましたが、麩菓子です。小麦粉をふくらましたような菓子の表面にカラメルが塗ってあります。娘が欲しそうにするので、甘いものをあげるのは良くないと思い、表面の黒い部分をかじりとって、中の白い部分だけを渡しました。娘は少し握ったりして遊んだ後、ぽい

と捨ててしまいました。試しに口元にもっていってみたけど、ぷいと横を向いてしまう。

そこで黒い部分を少しあげたら、喜んで食べました。何が違うのでしょう。質感（すべすべvsぼそぼそ）なのか、それともカラメルの匂いか。いずれにしても、麩菓子の中身などというものは食べ物と認められないばかりか、おもちゃとしても価値がないと判断されたようです。

花と顔（二〇〇三・一一・一二）

娘が四ヶ月のとき、友人にかわいい花束をもらいました。娘に見せると、花のひとつをむんずとつかみ、ブチっとちぎって口にもっていきました。なにしろ草花を見るとむしりたがるので、毎朝ベランダに出ては、プランターのシソをむしらせていましたが、それも飽きたのか、いつからかしなくなりました。

先日、夫に花束をもらいました。娘（七ヶ月半）に見せたら、何度か手を伸ばそうとしては引っ込め、ためらいがちに手を伸ばし、そっと花に触ったのです。これを見て、私の脳裏を走馬燈のように駆け抜けた三つの光景とは。

その一。一歳の男の子が娘の顔をじっと見ている。やがてそっと手を伸ばし、娘の鼻に、ちょんと触れる。気持ちはわかります。私もよく鼻を触るので。

その二。別の一歳の男の子がトテトテ走ってきて、娘の頬をなでなですると、またトテトテ走っていく。気持ちはわかります。私もよく頬をなでるので。
その三。お互いペチペチと顔を叩きあっては泣かせあう、娘とその同年代の仲間たち。
つまり娘は「その三」の状態から、「その一」「その二」の一歳児に近づきつつあるのです。

人間の目の不思議（二〇〇三・一一・一九）

赤ちゃんは鏡を見るのが好きです。そこで、よく鏡を見せてあげます。娘と一緒に鏡をのぞき込んでいると、私たち（私、夫、義母）はみな一様に、ある事実に気づきます。娘の顔が左右非対称で、左目の方が大きく、頭蓋骨も微妙にゆがんでいます。

なぜ普段は気づかないのか。なぜ鏡に映すと気づくのか。もちろん、普段は見慣れているから気にならないのでしょう。鏡は左右が逆になるから気づくのです。つまり普段は、無意識のうちに修正をほどこして見ているのです。どうりで、うちの子が一番かわいいわけです。

父親との再会（二〇〇三・一一・二四）

生後三ヶ月のころ、夫が出張でしばらく留守にしました。久しぶりに夫が帰ってきたときの光景を、私は忘れられません。夫が家に入り、娘の後ろから「ただいま」と声をかけます。娘はすぐには振り向きません。ぴたっと動きを止め、目を見開き、私の顔を見ます。その顔にぱあっと笑いが広がり、それからゆっくり夫の方を振り向いたのです。もっと単純に喜べばいいのに、たかが生後三ヶ月の人間がこんな複雑な反応をするのに驚きました。

生後五ヶ月のころ、私と娘は実家に帰りました。娘は一〇日間ほど賑やかな家で過ごし、週末、夫が迎えに来ました。さぞ喜ぶかと思ったら、それほどでもありませんでした。忘れてしまったのでしょうか？　そこは私の母にアフレコさせると、「私に似てるけど知らない人だわ」ということらしいです。

今では夫が帰宅すると、娘はドアが開いた時点から、〝抱っこして〟のポーズで待ちかまえています。何をさせる相手であるかが決まっていれば、反応は単純になるようです。

抱っこしてのポーズ（二〇〇三・一二・四）

娘をどこかに連れて行くときは、「おいで」と声をかけます。すると娘はお座りしたまま、両腕を広げて抱っこのポーズをします。そこで脇の下に手を入れて抱き上げます。

Nちゃんは最近、歩行器がお気に入りだそうです。そこで娘も、試しに使わせてもらいました。娘は歩行器にちょこんと座って、にこにこしています。どうもよく理解していないようです。少し離れた場所から呼べば来るよと、Nちゃんのお母さんに言われ、「おいで」と声をかけてみました。娘は喜んで両腕を広げ、ぴょんぴょん跳ねました。あなたに来てほしかったんだけど。

ハイハイまであと一歩（二〇〇三・一二・六）

最近、よく動きます。姿勢転換がかなり自由になりました。以下は最近（生後七～八ヶ月）に覚えた、基本的な技の紹介です。

お座り＞うつ伏せ。以前は左足がじゃましてできなかったけど、腰を持ち上げて乗り越えている模様です。

うつ伏せ＞お座り。実はこれ、お座りをするようになった六ヶ月ごろ何回かしたのです。その時はうつ伏せから両足をすーっと開脚して、手で上体を起こしました。体操選手のような美しさに感心したのですが、どうもこの方法は一般的でないと本人も思ったのか、すぐにしなくなりました。現在は、うつ伏せから両手両足で起きて四つんばいになり、そこからお尻を後ろについてお座りという、ごく一般的な方法を採用しています。

寝返り。できなくもないです。特にしたくはないようで、お尻を押してさせようとすると、両腕を広げて抵抗します。

仰向け＞寝返り＞うつ伏せ＞四つんばい＞お座り。この見事なコンボ技誕生のいきさつはこう

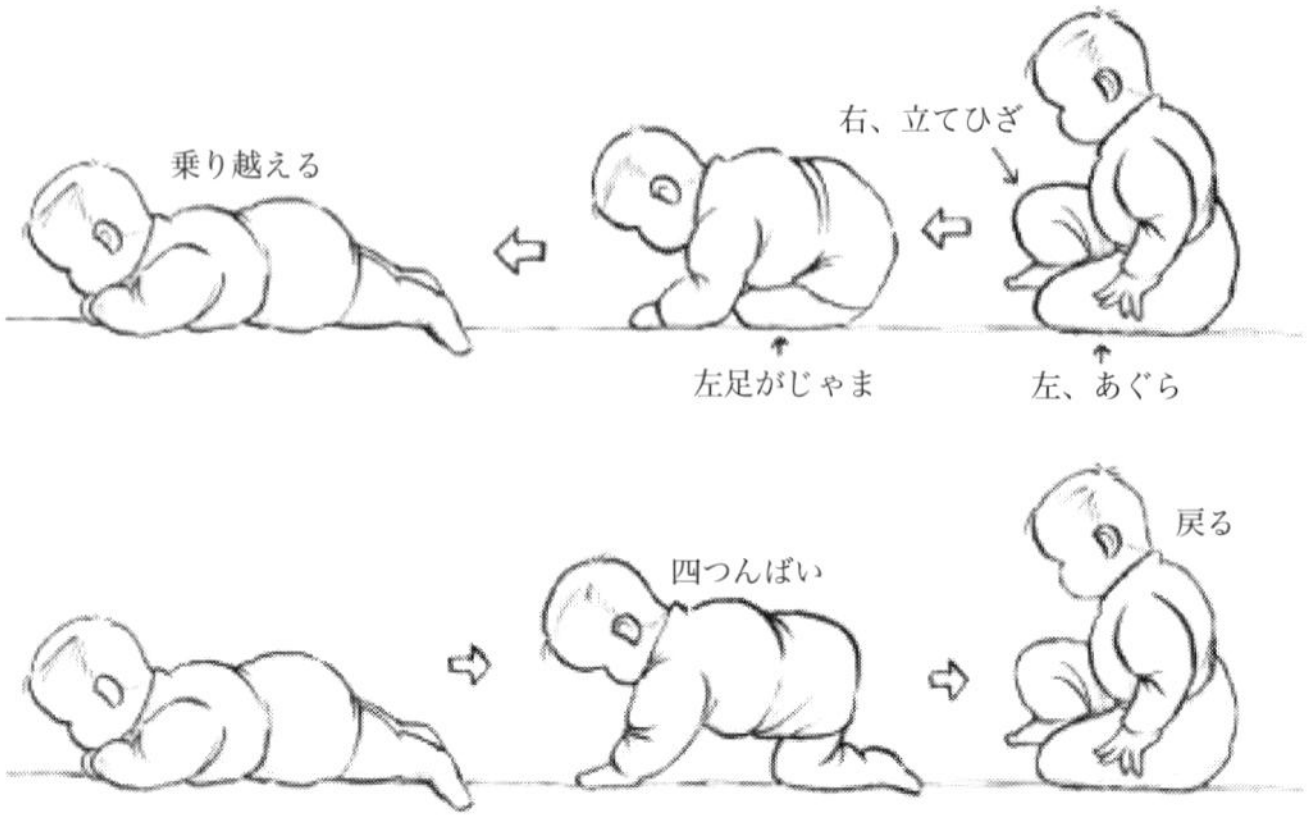

姿勢の転換

です。夜になっても寝ないので、強制的にベッドに寝かせたところ、ばたばたと暴れました。すると体は反時計回りに回転します（足を乗せる（二〇〇三・八・二〇）参照）。一八〇度回転したところで、あまり意味がないと気づいたのか、寝返りをしました。ベッドの上は何もなくて退屈だと思ったのか、起きあがりました。それから枕元の目覚まし時計とティッシュボックスに突進したのです。あれ以来、寝返りに対してやや積極的になったような気がします。最近はおむつ交換時の脱出技として活用されています。

食事の風景（一）　（二〇〇三・一二・一六）

離乳食が始まりました。テーブルつきの食事用子供イスに〝拘束〟され、食事を口に運ばれながらも、おとなしく食べさせられているわけではありません。何かと自分でやろうと手を出してきます。食事に関する気になる風景を、いくつか書き留めてみました。

（a）食べ物をつかむ。つかませたくはないのですが、私は食事中の「遊び」をかなり許しています。遊びに夢中にさせて、その隙に詰め込むとたくさん食べるので、楽なのです。つかんだ食べ物を一生懸命口にもっていって器用に食べたときには、私も嬉しくて一緒に喜びます。しかしたいていは、食べ物をぐちゃぐちゃ握ったり、テーブルにこすりつけたり、落としたりしています。

（b）スプーンを使う。スプーンは二、三本用意しておき、一本か二本は握らせておきます。最初はしゃぶって遊ぶくらいでした。最近は、スプーンを茶碗に突っ込みたがります。真剣な顔でごはんをつついたりかきまぜたりしていますが、まだすくうところまではいっていません。

（c）イスを食べる。まっすぐ座っているのはよほど退屈なのでしょう。だんだん横を向いて、手すりにかじりつきます。こうなると食べさせるのは困難です。さらに体をひねって、イスの背をしゃぶりはじめます。こうなると食べさせるのは不可能なので、ごちそうさまの合図と受け取っています。

（d）足をのばす。離乳食のイスは、赤ちゃんの足がしっかり床につくものが望ましい、と何かの本に書いてありました。残念ながら今のイスは、食事をさせる親の都合に合わせた高さになっています。しかし斜めに座って足をうんとのばせば、片足のつまさきは床につくことを発見したようで、一生懸命床を蹴っています。やはり足を床につけたいのでしょう。残念ながらテーブルと一体化したこのタイプのイスは、すべて同じような規格になっています。もっと背の低い、シンプルなイスにすればいいのかもしれませんが、そうすると脱走するのが目に見えているので、どうしようか迷っているところです。

食事の風景（二）～物を落とす～（二〇〇三・一二・一七）

食べ物やスプーンをよく落とします。何も考えずに放り投げる場合と、下をのぞきこんで意図的に落とし見届ける場合とがあります。後者の場合、未練がましく落とした物をじっとみつめています。もちろん拾いたいのでしょう。

五ヶ月くらいのときから、物を落としては拾うという遊びに夢中になり、何度でも繰り返しました。残念ながら食事用のイスは、拾うには背が高いのです。

一度は、手に握ったおかゆをぽたぽたと一滴ずつ床に落としていました。いくらなんでも、これはあんまりではないでしょうか。

あるとき、テーブルの上に置いてあったよだれかけをイスからたらして、よだれかけのひもの先でつんつんと床をつついていました。ちょうど床まで届く長さだったのです。

うーん、なんとなくわかった気がする。手が届かないから物を落とすんだ。ちなみにこの床をつつく行為は、普段からよく見られます。床に座って、手にしたおもちゃが固ければそれで床を叩き、ひも状のものなら床をつんつんとつつくのです。なぜ手で直接床を触らないのかはわかりません。

食事の風景（三）～高等編～（二〇〇三・一二・二〇）

その一。スプーンをもたせておくと、時々こちらにスプーンを差し出してきます。私がスプーンをぱくっと食べてみせると、とても喜びます。時にはお互いに差し出したスプーンをくわえあうという、ほほえましい光景が見られます。

おせんべいを持たせても私に差し出してくることがあるので、親にエサを与えるのが好きなのでしょう。ちなみに、一歳くらいの子だとよく人に物を渡したがりますが、娘（九ヶ月）の場合はまだ、手にした物を自ら離すということはありません。

ごはんを落とす

ひもでつつく

その二。食事が終わると、私は娘をイスからおろし、ぐちゃぐちゃに汚れたイスと、下に敷いておいたシートをふきます。娘はその様子をじっと見ています。何を考えているのでしょう。お母さんがおそうじ大変そうだから、今度からわざと汚すのはやめようとか考えているのでしょうか。いやまさか。ところがある日、イスからおろして床に座らせていたら、床に落ちていたティッシュペーパーを拾って、イスの座面をふき始めたのです。〇歳児が親の仕事をまねするというのは、感動でした。これならいろいろ芸を仕込むことができそうです。

食事の風景（四）〜オマケ編〜（二〇〇三・一二・一二）

スプーンを娘の口に近づけようとすると、横から手がのびてきて、ごはんをスプーンごとつかんでしまいます。そこでねらいを定めて、すばやく口に運ぶ。グラディウス（ファミコンゲーム）がモアイの攻撃をかわしてボスキャラへ突撃。私がそう解説したところ、「俺も同じ事を考えてた」と夫。不本意ですが、世間ではこのような夫婦を似たもの夫婦と呼ぶようです。ただし夫はモアイよりタコをイメージしたとのこと。そういえばパロディウスには、ずばり巨大な赤ん坊のボスキャラというのがいたような気がする。うちの娘は極めてそれに近い存在です。

新年のご挨拶にかえて（二〇〇四・一・一）

まだ一年生きてないけど、新年おめでとう。

ホームページに多くの方から反響をいただいて、嬉しく思っております。今年もよろしくお願いします。

〈零歳後期〉

そして探検が始まる（二〇〇四・一・三）

九ヶ月になってとうとうハイハイを始めました。最初にしたことは何か。親を追いかけてきた。ふと気づくと近寄っていて、抱きついたり顔をすりつけてきます。今まで、放っておくと泣いたり怒ったりしてうるさいな、などと思って悪かったと思ってます。本当に移動したかったのでしょう。動けるのがよほど楽しいらしく、ものすごい勢いでゲタゲタ笑ってます。

移動の仕方は人それぞれだけど（目線の高い方が勝つ（二〇〇三・一〇・一八）参照）、娘も移動方法はそれなりに工夫したようです。左足の膝と右足の裏をついて、半分高バイといえるような這い方をします。夫の母（北海道）は、これを「いざる」と表現しました。

片ずりハイハイ

もちろんこれにはわけがあります。本当は高バイをしたくて、両足の裏をついてお尻をひょいともちあげるんだけど、どうしても進めないので、仕方なく片膝をつきます。両方の膝をついた方が楽ではないでしょうか。そう思ってよく見ると、実は膝を使ってない。左足はひきずってるだけなのです。つまり「回転のこと（二〇〇三・一〇・二八）」に書いたそのまんまの状態でハイハイをしている。左足は「あぐら」の状態で、右足で床を蹴って進んでいるわけです。「これではいつまでたってもハイハイしそうにない」と書いたのは取り消さなければなりません。

夜中の授乳（一）　（二〇〇四・一・七）

生後五ヶ月くらいから、夜中の授乳が始まりました。まるで新生児に逆戻りしたようです。最初は三時間おきだったのが、最近は明け方になると一時間おきくらいに起こされます。四ヶ月たつ現在も、一日も休むことなく続いているのです。

思いつくかぎりの方法を試してみました。昼間なるべく外に連れ出すようにしてみた。昼寝をしすぎないよう気をつけてみた。離乳食をたくさんあげてみた。寝る前にミルクを飲ませようとしてみた。夜、手を握って寝た。足を握って寝た。泣いたら声をかけてみた。すぐ抱き上げるようにしてみた。あやしてみた。歌ってみた。歩いてみた。おしゃぶりをくわえさせようとしてみた。ミルクを飲ませようとしてみた。かまいすぎかとも思い、しばらく放っておいてみた。

一度は、断固として夜中の授乳をやめようと決意しました。二日目に挫折しました。結論は、おっぱいを飲まないことには絶対に眠らないということです。

生後九ヶ月のある日のこと。その夜は特に頻繁に起きてきました。私はたまたま体調が悪く、授乳はつらかったのです。何度目かに起こされたとき、私は授乳をやめて、娘の泣き声を聞きながら考えました。今まで私は、夜中の授乳をやめさせるためにはどうしたらいいのかということばかり考えてきました。しかし結局は、娘が自分の力でやめる以外ないのではないか。そう思って娘をみつめました。それにしても、今夜はひどい。泣くというよりも、不快な声で叫んでいる感じで、思わず叫び返したくなります。

そこで叫び返してみました。娘が叫ぶ。私が叫ぶ。また娘が叫ぶ。私が叫ぶ。大きい声、小さい声、長い声、短い声、なるべく娘と同じように叫ぶ。娘も異変に気づいたようです。目をつぶって夢中で叫んでいたのが、いつのまにか目を開いて、私を見ながら叫んでいます。夜中に泣くときは、いつも目をぎゅっとつぶって、抱き上げようが話しかけようがまったく気づかず、一人で悪夢の世界にいます。それが珍しく正気にかえったようです。

叫びのラリーはしばらく続きましたが、やがてきりがないことに気づきました。娘はおもしろがって叫び返しているだけではないでしょうか。そこで叫ぶのをやめ、娘に腕まくらをしたまま、ぽんぽんと背中をたたいてみました。すると驚いたことに、娘は静かになり、しばらく指をちゅぱちゅぱしゃぶって、やがて眠ってしまいました。それから何度も目を覚ましましたが、そのたび背中をたたいてやると、泣きやんで眠りました。

不思議な夜でした。残念ながらあのようなことは、二度とないのです。

夜中の授乳（二）～考察編～（二〇〇四・一・八）

何人かに聞いてみたところ、母乳で育てている人はみな同様の被害にあっているようです。このことから、「母乳はミルクほど腹持ちがよくないので、大きくなると母乳では足りなくなり、夜中にお腹がすいてしまう」という仮説が成り立ちます。しかし私は（そしておそらく他の母親たちも）、そうは思っていません。精神的な問題もあるに違いない、と思っています。なぜなら、そんな単純な問題で自分がこんなに苦労しているとは認めたくないからです。もっとも最近は体が慣れてしまって、すっかり習慣として受け入れてしまっているのですが。

さきの仮説を証明しようと思えば、夜寝る前にミルクを飲ませてみればよいのです。しかし母乳に慣れた子どもは、ミルクをあまり飲みません。ほ乳瓶、コップ、スプーンなど方法を変えてみても、少ししか飲みません。

もちろんミルクの子にも、夜泣きというものはあるようです。夜中の授乳と夜泣きとの関係はよくわかりません。これも夜泣きの一種なのでしょうか？　夜泣きと呼ぶには、あまりに規則正しい気がします。おっぱいをくわえさせれば眠るのだから、その分楽とも言えますが。

ところで、母乳というのは吸われると出ますが、吸われないと出なくなります。だから何かのきっかけでしばらく授乳を中断した人は、それきり母乳が出なくなったりします。子どもが離乳食を始めると、昼間の授乳が回数、量ともに減ります。きっと、これではマズいと気づくわけです。離乳食は食べるとしても、母乳も食料としてキープしておきたい。そこで夜中に思い出して、せっせと吸っているのでしょう。赤ちゃんも夜中まで働いているのです。大変なのです、きっと。

計画的な授乳（二〇〇四・一・一二）

先日、デパートのベビールームで授乳していると、隣にうちの娘よりちょっと小さい子どもを連れた母親がきました。その人は、まず子どもに離乳食を食べさせ、右のおっぱいを数分吸わせ、次いで左のおっぱいを数分吸わせ、それから授乳を中断しました。子どもはまだ飲み足りないらしく泣き顔になりました。お母さんはすかさず、授乳前に用意しておいたほ乳瓶を保温容器から取り出し、くわえさせました。子どもはまた満足そうに目を閉じ、飲み始めました。

この光景に私はショックを受けました。ひょっとして、私の授乳は無計画すぎたのでしょうか？うちでは授乳する時刻も吸い続ける時間も、ほぼ娘が決定権を持っています。方針というわけではなく、私の弱い意志が娘の強い意志に負け続けた結果です。時にはミルクを飲ませようともしてみたけど、気まぐれでそんなことをしても子供は相手にしてくれません。習慣になってないからです。今からでも間に合うでしょうか？　いやおそらく手遅れでしょう。

「いいんじゃないか、うちはプリミティブなやり方で」と夫は言います。

そうか、プリミティブ（原始的）か。それなら乳離れの時期には動物みたいに、蹴っ飛ばして追い払ってみましょうか。

安眠のポーズ（二〇〇四・一・一九）

体ごと横向きになった姿勢で、頭をぐいとそらし、目を閉じ、口はむすぶ。その顔からは、「寝るぞ」という意志が感じられます。なかなか眠れないときに、娘がよくやる姿勢です。なぜこの姿勢なのでしょう。いつからでしょう。

生後五ヶ月くらいから、夜中の授乳をするようになりました。娘は仰向けに寝るので、寝たままあげようとすると、私が覆い被さるような姿勢になってなかなか大変でした。七〜八ヶ月くらいから、私の方を向くようになりました。おかげで私の姿勢もだいぶん楽になりました。そして、横を向いて手を前に伸ばすのが「おっぱいちょうだい」のポーズになりました。一度はねぼけて、父親におっぱいをねだり却下されました。

それからまもなく、横向きで眠る姿勢が目立つようになりました。向きはなぜか右が多いです。おっぱいを飲んでいる気分なのでしょうか。あるいは、単にそういう「くせ」なのでしょうか。大人だってよく横向きで寝ます。そういえば、寝やすい姿勢を求めてか、頭をぶんぶんと振っていることは以前からよくありました。
なんにせよ、ちょっとしたことならおっぱいに頼らず自力で寝ようという頼もしさが、エビぞりの娘の姿から感じられます。

おすわりいすのこと（二〇〇四・一・二一）
娘が生後五ヶ月の時、実家に帰ったら、父がおすわり椅子を作ってくれました。これは板を組み合わせた簡単なつくりの椅子で、「背板」と「座面」がゆるやかな角度で組み合わさっています。そこにお尻がおさまり、頭、肩、膝は自由に動きます。
これに関する詳細な説明は心理学の専門家に任せるとして、要は腰のすわってない時期の赤ん坊でも座れるということです。これは新生児から使えるらしいのですが、特にこの時期にはぴったりの物のように感じました。座りたいという要求は芽生えているのにうまく座れず、非常に退屈で不満な様子が感じ取れたからです。
お尻がほぼ床の高さになるので、手を伸ばせば床にふれることができます。そのころ娘は物を落としては拾うという遊びがお気に入りでした。父は椅子に合わせて小さなテーブルも作ってくれました。その上にいくつかおもちゃを置いておくと、片っ端から握っては床に放り投げ、また拾ったりして遊んでいました。

これは良い物だから、帰ったら自分でも作ってみようかと思いましたが、家に帰ってすぐ「お座り」をマスターしたので、椅子は必要なくなってしまいました。もし次の子が生まれたら、そのときは作ってあげたいです。

理想の食事椅子とは（二〇〇四・一・二二）

「食事の風景（一）」（二〇〇三・一二・一六）に書いたテーブル付きの椅子は、その後まもなく使わなくなりました。シンプルな子供用椅子に座らせ、家族と一緒のちゃぶ台につかせることにしました。

しかしこの椅子でも、娘はどうも落ち着きません。高さが半端なのです。足が床につかないことと、落とした物を拾えないのは、前の椅子と変わりありません。娘は無理に足をつけようとして、ずるずる椅子から滑り落ち

お座りイス・テーブル付き

てゆきます。その一方で目線が低く、食卓がよく見えない。それが不満なのか、すぐ食べるのに飽きてしまいます。こたつをちゃぶ台がわりにしているので、普通のちゃぶ台よりやや高いのかもしれません。

その点父の手製のお座り椅子（前回参照）は良かった。あの椅子と、それに合った高さのテーブルを作れば良いのでしょうか。しかし親と同じ食卓につきたいというのが、子供なりの社会性ではないでしょうか。それに遊び食べのスペースを確保しつつ汁物等の危険物を遠ざけておくには、こたつ程度の広さは欲しいのです。

これらのジレンマは、先日一気に解決されました。娘がつかまり立ちをするようになったのです。立って食べれば、地に足はつくし、目線は高いし、動きは自由です。そのためか、以前よりもよく食べるようになりました。現在は微妙に伝い歩きをしながら、テーブルを半周する間にほぼ食べ終わっています。

オトナの時間（二〇〇四・一・二五）

娘、生後一〇ヶ月の某日。前日の寝不足がたたって、七時におっぱいを飲んで寝てしまいました。私が食事をして、一息ついたところで、娘が起きて泣き出しました。時間が半端だし、いったん起きないかと私は提案しましたが、娘は泣き続けます。しかたなく、また授乳して寝かせました。寝付いたと思って離れようとすると、また泣き出す。また授乳する。何十分も吸ってから、ようやく寝付きました。私は雑用を片づけ、パソコンのスイッチを入れました。すると娘がまた泣き出します。

私は娘を抱いて途方にくれました。お母さんが永遠におっぱいをしゃぶらせてあげるわけにはいかないいんだよ。そんなにすぐ起きるところを見ると、本気で眠くはないんじゃないの？　そう思って抱いていると、娘はしばらく目を閉じて泣いていましたが、ふと目を開けて泣きやみ、にやっと笑ったのです。

さて、娘はすっかり機嫌を直して絶好調です。こんな時間に子供と遊ぶのはいかがなものか。もう九時を過ぎているのだから、大人の時間として過ごさせてもらおう。娘を勝手に遊ばせておいて、私はパソコンに向かいます。メールの返事も書きたいし、ホームページも更新したい。娘がそばに寄ってきます。つかまり立ちをして、私の作業を覗き込みます。

突然、文章に意味のない数字の羅列が割り込み、私は悲鳴をあげます。娘の左手がテンキーを押しているのです。私は娘の左手をつかみ、文章を修正しようとします。文章がはてしなく改行され、私は悲鳴を上げます。娘の右手がエンターキーを押しているのです。あなた今、一瞬つかまらずに立ったでしょ！

もうなんだか訳がわかりません。いったん保存せずに終了して、やり直した方がいいでしょう。

「文書を閉じる」を選択します。「変更を保存しますか？　はい／いいえ」のウィンドウが出ます。娘がエンターキーを押します。「保存しちゃったじゃないかー！」私が悲鳴を上げるたび、娘は天使のような無邪気な顔でげらげら笑います。

ひとたび子どもが生まれたら、オトナの時間などというものは存在しません。そして、エンターキーがどこかわかりにくい場所に隠されたキーボードがあればいいのにと思います。

子どもどうしのこと（一）（二〇〇四・二・九）

デパートのベビーコーナーに娘を放したら、一歳くらいの男の子がかまってくれました。一歳児から小学生にいたるまで、子どもというのは実によく赤ちゃんをかわいがってくれます。私は近くの売り場を見ていましたが、娘から常に見える位置にいたので、娘も安心しているようでした。

しばらくしてふと見ると、男の子が娘の頭をぶっています。私はびっくりして、男の子の肩をだき、なんでぶつの、ぶっちゃやだめだよと言いました。男の子の母親があわてて戻って、謝ってきました。私は「子どものすることですから」と笑ってその場を離れましたが、言ってから、あまりよくない表現だったなと思いました。「子どもどうしのこと」と言うべきでした。

冷静になってみると、一歳児が理由もなく赤ちゃんを殴るとは考えにくい。もちろん何か理由があるはずです。でも、どんな理由が？　そう思ってつらつら状況を思い返してみると、こういうことです。娘は男の子につきまとっていました。やがて男の子は靴をはいて、遊び場を離れようとしました。しかし娘はハイハイしてついていこうとした。場所は遊び場の出口、カーペットの途切れるところでした。おそらく男の子は、赤ちゃんが遊び場を出てはまずいと思い、ついて来ないよう娘を制したのでしょう。しかし娘がきかないので、しまいにぶったということでしょうか。

そう考えると、よその一歳児に娘を任せて目を離した私が悪かったのです。彼は傷ついたでしょうか。あのあと母親に叱られていなければよいのですが。これが原因でグレたらどうしよう。

ちなみに娘はニコニコして、ぶたれてもかまわずついて行こうとしていたようです。男の子もさぞかし困ったことでしょう。

子どもどうしのこと（二）　（二〇〇四・二・九）

赤ちゃんどうしが出会うと必ずと言っていいほど、相手の顔をぺちぺちと叩きます。先に叩いた方の勝ち。叩かれた方はたいてい泣く。うちの娘と一週間ちがいのNちゃんは、体も大きいしとても元気です。生後九ヶ月のころ、娘はNちゃんに一方的に叩かれ泣かされていました。

しばらくしてまた会うと、今度は娘も慣れたのか、叩かれても泣かなくなりました。むしろN

ちゃんに会えたのが嬉しいらしく、かまわず寄っていきます。

Nちゃんが叩く。娘が近寄る。しまいになぜかNちゃんが泣き出しました。娘も困って、一緒に泣きました。

赤ちゃんがよその赤ちゃんを叩くと、親はたいてい、あわてて止めにはいります。しかし相手が親しい人なら、そんなに神経質に止めなくてもいいのではないでしょうか。確かに赤ちゃんの爪はなかなか鋭利な凶器です。でもひっかき傷ができたって、大けがをするとは思えません。むしろ叩いたり叩かれたりすることで、いけないことだということを自然に学ぶのではないでしょうか。

そう思って二人を見ていた私は、しかしすぐに止めに入ることになりました。Nちゃんが娘の顔めがけて、だるま落としのトンカチを思い切り振りかぶったからです。

場所見知りのこと（二〇〇四・二・一二）

人見知りをしません。するかなあと思った時期もありましたが、（人見知りのこと（二〇〇三・九・一五）参照）、どうもまったくしないようです。通りすがりの他人にむやみやたらと笑顔をふりまく。すべての人が自分に好意をもっていると信じて疑わないようです。かまってもらうと、それはそれは嬉しそうです。逆に気づいてもらえないと、いっしょうけんめい声を上げて気を引こうとします。しかし赤ちゃんが叫んでいても、たいていは無視されてしまうので気の毒です。

しかし、初めての場所というのを非常に警戒します。そんなときには私にぴったりくっついて離れません。人にあずけようとすると泣くので、よそのお宅におじゃましたときなど、抱いてもらうことができないのです。いつからこうなのでしょう。

初めて実家に帰省したとき（人見知りのこと（二〇〇三・九・一五））、私は実家についてすぐ、娘を母にあずけて出かけました。その間娘は、私がかつて聞いたこともないような声で泣き続けていたらしいのです。たとえ相手が赤ちゃんといえども、おいていくような時はきちんと言い聞かせるよう、友達に言われてはいました。それで出る前に「でかけるけどすぐ戻るからね、おばあちゃんとお留守番しててね」と言いはしました。が、あわてていたので言い聞かせ方が足りなかったかもしれません。何より相手の目を見て言わなかった言葉は無効でしょう。

あの時のことが原因ではないでしょうか。もっとも、私が戻ったらたちまち笑顔になったから、実はたいしたことなかったのかもしれませんが。

初めての場所でも、しばらくして慣れてくると、徐々に調子を取り戻して騒ぎ出します。人が大勢いる場所では、人手から人手へと渡って、いつのまにかどこかへ行ってしまいます。こんなことでだいじょうぶなのでしょうか。

はじめての言葉（二〇〇四・二・一三）

喃語を聞けばわかるように、マ音とパ音は発音しやすいのです。英語圏その他でこれを「ママ(母親)」と「パパ（父親）」に当てているのは合理的なことでしょう。日本ではどうでしょう。マは「マンマ（ご飯）」、パは「パイパイ（おっぱい）」に割り振っているから、これも合理的と言えそうです。

娘も「マンマ」と言うようになりました。もっとも、いつからかというと、はっきりと特定できません。初めて「マンマ」と言ったのは七ヶ月のときですが、それまでもマンママ…と言ってはいたし、意味があるのかは不明でした。その後も何度か食事時に「マンマ」と言うことがあり、「言葉をしゃべってる！」と思いもしたけれど、確信がもてないまま時が流れました。

九ヶ月のころ、おいしいリンゴを一箱もらって、一ヶ月ほど毎日リンゴを食べ続けました。すりおろしてあげると、食後に大玉半分は軽く食べます。やがてリンゴを見ると「マンマー！」と叫ぶようになったので、ああ確かにしゃべっていると思いました。リンゴだけはマンマと認めてもらえたようです。最近はそれが他の食べ物にも応用されつつあります。

つかまり立ち

そういえばどうやって立つのだろう（二〇〇四・二・一五）

つかまり立ち、伝い歩きが達者になり、時には一瞬立つようになりました。座っていた時代は長かったけど、ハイハイを始めたら、あとはトントン拍子に進んでいきます。

生後一〇ヶ月のある日のこと。片手で机につかまったまま、しゃがんで床にもう片方の手をつき、立ち上がり、またしゃがむ。何度もこれを繰り返します。それはヒンズースクワットというもので、それ以外に特に目的があるようには見えません。こんなことが楽しいのでしょうか？ と思っていたら、それから数時間後、何もない状態で床にしゃがんでいて、その状態からひょいと立ったのです。そ

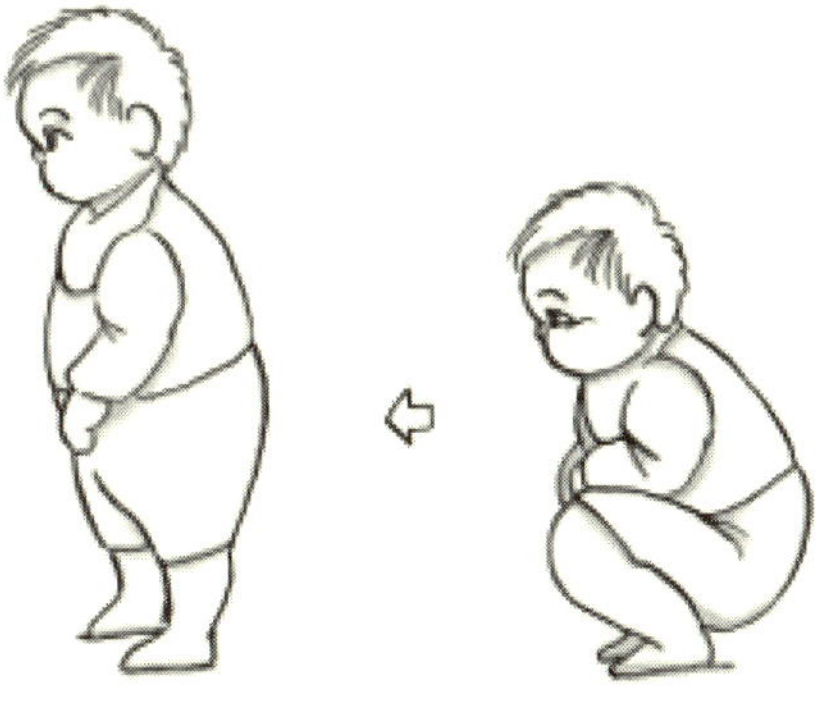

スクワット（本番）

うか、立つにはまず、しゃがまなきゃいけないんだ。それ以来娘は、しゃがんで過ごすことが多くなりました。

自分で着てみよう（二〇〇四・二・一七）

生後一〇ヶ月。シャツを着せると、自分で袖に手を通すようになりました。まず頭からシャツをかぶせてあげます。それから片方の袖をたぐって構えていると、自ら袖に手を通してくるので、とても楽です。

それは毎日やってるから覚えるのだろうけど、なんででしょう？　自分でやりたいのか、単に反射的に体が動くようになったのか。あるいはよほど親にされるのはいやなのか。もたついているからといって、腕をつかんで無理に通そうとすると、怒ります。

娘がつかまり立ちをするようになったので、これをズボンにも応用してみようと考えました。すそをたぐって準備し、「はい、こっちの足上げて」と言ってみます。まだよくわかってないみたいだけど、うまいこと上げてくれることもあります。でも脱ぐ方が得意らしく、左足をはかせて、右足をはかせるころには、もう左足を脱いでしまっています。

最初の歌声（二〇〇四・二・一八）

生後七ヶ月のころから、歌をきくと「アーアー」と声を出すようになりました。一緒に歌っているつもりなのでしょうか。音の高さは一定で、単調です。そういえば、新生児の泣き声はすべてラ音（A音）だと、ものの本に書いてありました。私は音感がないのでよくわかりませんが、キーボードで確かめてみると、娘の「歌」もラ音のようです。出しやすいのでしょう。そう考えると、よく幼児がでたらめな音階の歌をうたったりするけど、実はあれはすごい事なんですね。

生後八ヶ月のころから、「んーあ」とか「ぶーわ」とか言うようになりました。「んーあ、んーあ」と言い続けているとき、何をしているのだろうとよく見たら、つばで風船を作って遊んでいます。どうしてそういう遊びを思いつくのでしょう。それはともかく、「んーあ」や「ぶーわ」の音はラーシ（A–B）音であるようです。

最近は、発声に微妙な抑揚がつくようになりました。ここまでくると、私には音階を確認することはできません。たとえ「アーアー」でも、以前の「アーアー」とは一味違うということです。

夜中の授乳（三）**〜決着編〜**（二〇〇四・三・一〇）

娘、生後一〇ヶ月のある晩、とうとう夜中の断乳を決意しました。今度はうまくいきそうでした。夜中に起きておっぱいが与えられないと怒り狂って叫ぶけど、何か変わった物でごまかしたり、抱いて歩き回ったりすると、なんとか眠ってくれるようになりました。それでも一週間は、きちんと三時間おきに起きて泣くので、そのたび抱き上げなければなりませんでした。それがある日ぴたっとやんで、それからはあまり起きなくなりました。たまに夜泣きをするけれど、たいていは朝まで寝てくれます。今では授乳は昼寝と夜眠る前だけになりました。そのせいか、母乳もあまり出なくなったようです。

『おっぱいから赤ちゃんの宇宙は始まる』（ヴィヴィアン・ワイガート著）によると、古来多くの社会で、そして今でも子どもが栄養失調になる危険が高い地域では、二〜三歳児に授乳するのは普通のことだそうです。以前、吸うことによって食料としての母乳をキープするということを書きましたが（夜中の授乳（二）〜考察編〜（二〇〇四・一・八）参照）、あながち間違いではないかもしれません。だとしても、それは「夜中におっぱいを飲みたがる子どもが（正確にはその遺伝子が）生き残ってきた理由」であって、「子どもが夜中におっぱいを飲みたがる理由」にはならない。それはあくまで子どもの心と体の問題であるはずで、生物学的解釈というのは生物学的解釈でしかないなあと思うのです。

絵本をめくる（一）（二〇〇四・三・一二）

生後一ヶ月のころから絵本を読んであげたけど、（観察日記（二）〜はじめての絵本〜

（二〇〇三・五・二一）参照）、生後一〇ヶ月になると、絵本がお気に入りのおもちゃになり、自分でめくって遊ぶようになりました。めくるのが難しいせいだろうけど、めくりかたはでたらめで、順番も本の上下もおかまいなしです。

久しぶりに『さよならさんかくまたきてしかく』（松谷みよ子）を読んであげました。以前は六ページ目「ひとつめこぞう」が好きで、そこを読むと喜んでいたけど、どうも喜んでいる様子がない。そして、五ページ目「おつきさま」もしくは六ページ目「ひとつめこぞう」にさしかかると、さっと手を出して一番最初のページに戻す。何回読んでも同じ事をする。おばけが怖くなったのでしょうか？　しかしそのうち、だんだん「差し戻し」が入るのが早くなり、ついに二ページ目で入るようなりました。

そこで娘の正面にまわり、読み聞かせながら観察してみます。一ページ目で「さよならさんかく」と読むと、まず右ページの青い三角、ついで左ページの赤い三角を見て、何か期待するような目で私を見る。そこでページをめくって「またきてしかく」と読むと、手を出して前のページに戻す。間違えてタイトルページまで戻してしまったときは、めくり直して一ページ目を出す。その断固とした態度から、単に開きやすいページを開いているわけではなさそうです。時には本を見ず、最初から私の顔を見ていることもあるので、私が「さよならさんかく」と言うところを見たいのかもしれません。やがて飽きて別の遊びを始めるまで、一ページ目と二ページ目を一〇回以上往復しました。（注：ページ数は便宜上、見開きで一ページと数えています。）

絵本をめくる（二）（二〇〇四・三・一三）

前述の「差し戻し」は、たいていどの絵本でもおこります。本によって、あきらかにお気に入りのページを開こうとしているものと、でたらめに手を出しているものとがあるように思えます。不思議なことにページをとばして前に進もうとすることはあまりなく、断然戻る方が多いようです。

例外は、『もこもこもこ』（谷川俊太郎）でしょうか。読み聞かせながら、次のページをめくりやすいように指をはさんでおいてあげると、どんどんめくって先に進み、一気に最後までいって、また一番最初に戻ります。他と何が違うのでしょう。テンポの速さでしょうか。他の本だと、私が文章を読んでいる間に待ちきれず手を出すけど、『もこもこもこ』はセリフが一言しかないので、娘のめくるスピードにちょうど合っています。あるいはストーリーの循環性でしょうか？　お話の最後が、振り出しに戻るようになっているのです。

ところで、前回「本の上下はおかまいなし」と書きましたが、一度自分で床に置かれた本をめくってさかさまだったとき、ハイハイして本の反対側にまわったことがありました。とても賢いと思います。

何が起こるかな（二〇〇四・三・一三）

異世界を探検するタイプのゲームというのがあって、画面上の絵をクリックすると絵が動いたりします。例えばスイッチをクリックすると電気がつく、というふうに。さらにアイテムを持った状態で何かクリックすると、特別なことが起こったりします。例えば鍵を持って扉をクリックすると扉が開く、というふうに。

娘を見ていると、そういう世界に生きているのだなあと思います。物を持って、それをやたらとなめる時期が過ぎると、今度は物と物を合わせてみる。おもちゃで床を叩いてみる。特に反応はない。おもちゃの上におもちゃを乗せてみる。特に反応はない。お母さんの口におもちゃを入れてみる。今度は反応があった。固い物で固い物を叩くと、大きい音がして楽しい。油断していると食器を破壊されます。

生後九ヶ月の時、おもちゃをもらいました。透明な筒の上からボールを入れると、ボールがらせんに沿ってくるくると落下し、下から出てくるという単純なつくりのものです。目の前で遊んでみせても、娘はやりません。まだ難しいようです。でもカラフルなボールは気に入ったようで、両手に一個ずつボールを持ち、カチカチ打ち合わせては喜んでいました。

それが一〇ヶ月のある日、突然筒にボールを入れました。親もしばらくそのおもちゃでは遊ばずほったらかしていたのに、どうした風の吹き回しでしょう。

そのときの状況はどうなっていたか。五つあったボールがあちこちに散乱して、一つしか残っていませんでした。娘はボールを手に取ったものの、打ち合わせる相手がなく、筒と合わせてみるしかすることがなかったのでしょう。部屋を片づけないことが、思わぬ効果を生むこともあるものです。

親の使い方（二〇〇四・三・二七）

手拍子の入る歌が好きです。「手をたたきましょ」「幸せなら手をたたこう」「むすんでひらいて」など。向かい合って座っていると、私の両手をもって合わせ、「やれ」と命令しているようです。よく夫が犬の写真を指さして「わんわんだよ」と教えてあげます。すると今度は、写真の前で父親の指をひっぱり、「指せ」と命令しているようです。

人間一歳にもなると、なかなか賢くなってくるもので。夫に食事を出したところ、娘が寄ってきて手を突っ込みました。しかし熱かったので、すぐ手をひっこめ、かわりに父親の手をつかんで料理に突っ込みました。冷めてからひとかけ取ってしゃぶってみたのですが、おいしくなかったのか、父親の口に入れました。その後は何が楽しいのか、つまみあげては父親の口にせっせと運んでいます。

キウイを食べさせようとしたところ、初めての食べ物を警戒したのか、顔をそむけてしまいました。見ていると、一切れつかんで父親に食べさせます。「お母さんにもちょうだい」と口を開けてみせたら、また一切れつかんで母親に食べさせます。それからもう一切れつかんで用心しいしいなめていたのですが、おいしかったと見えて、いつのまにか食べてしまいました。二切れもあげてしまったことを後悔しているかもしれません。

幸せになる方法（二〇〇四・四・七）

娘が生後一一ヶ月のある日のこと。いつものように昼寝をさせて、その間に家事をしようとしたところ、すぐ起きて泣き出す。また寝かしつけても、これを何度も繰り返す。泣き叫ぶ娘を抱きながら、私はなんだか疲れているように感じました。どうしたわけか、ここ数日間、娘と心が通ってないような気がしました。娘が泣いても原因のわからないことが多く、つらいのです。

それはさておき、私には今ここで幸せになるという選択肢が残されていました。今日は忙しい。あれもしなければ、これもしなければ。もうすぐ一歳になるのに、安易に母乳をやっていて良いのだろうか。昼寝をさせすぎると、また夜眠らなくなるのではないか。そういったいろいろなことを考えるのをやめて、おっぱいをあげて娘を寝かせたのち、自分もその隣に横になればいい。私が隣にいれば、娘もよく眠るだろう。

　私は一時間くらいで起きるつもりでしたが、目を覚ましてはまたうとうとと眠りにひきずられました。娘も時々目を開けては私の姿を確認し、また目を閉じるようでした。最近、こんな時間が少なかったかもしれません。気がついたら三時間たっていて、お互いこんなに疲れていたのかとびっくりしました。幸せな三時間でした。あとのことは知りませんが。

母親に対する厳しい目（二〇〇四・四・九）

　子どもを抱えて歩くのには慣れたけど、やはり大変そうに見えるらしく、様々な人の好意を引き寄せます。そして、時には反対の事もあります。

　スーパーから出ようとして、扉の向こうからおばさんたちが来るのに気づきました。自分は扉でもたつくことがわかっていたので、脇によけて、おばさんたちを先に行かせる事にしました。最初のおばさんが扉を開けながら大声で言いました。「黙って立ってれば開けてくれると思ってるのねえ。」私はおばさんたちをやり過ごし、入れ違いで外に出て、三秒ほどしてから、やっと気づきました。「あ、私か。」

　考えてみれば、ちょっとした好意（たとえば扉をちょっと押さえててくれるとか）に対してはすぐお礼の言葉が出てくるのに、嫌味に対してはとっさに反応できないというのは、日頃いかに善意に満ちた世界に暮らしているかということかもしれません。

母親に対する素朴な質問（二〇〇四・四・九）

夫の母と一緒に銭湯に行きました。赤ちゃんを見つけて、四、五歳くらいの女の子が寄ってきました。いろいろ話すうち、突然「学校行ってるの？」と聞いてきました。自分が行っていないのに、自分より小さい赤ちゃんが行っているとは思うまい。すると私への質問か。学生に間違われるのは慣れているけど、齢三三にして、しかもこんな小さな子に？

「行ってないよ。お母さんだから。」私がそう言うと、女の子は怪訝そうな顔をしています。私はもう一度「赤ちゃんの、お母さん」と説明しました。すると彼女は母を指さし、「じゃあ、あっちは？」と言います。なるほど母は若く見えるから、あっちが母親と思ったのでしょう。「おばあちゃんだよ。」と言うと、彼女はまたも不審げな顔をするので、もう一度ゆっくり説明します。「（娘を指さし）赤ちゃん、（自分を指さし）お母さん、（母を指さし）おばあちゃん。」

すると女の子は一言、「なんでー？」さあ、なんででしょうね？

一歳の誕生日（二〇〇四・三・二〇）

一歳になりました。数少ない着る機会を逃すまいと、知人からお祝いにいただいたかわいいおべべを着せました。ちゃんと女の子らしく見えます。

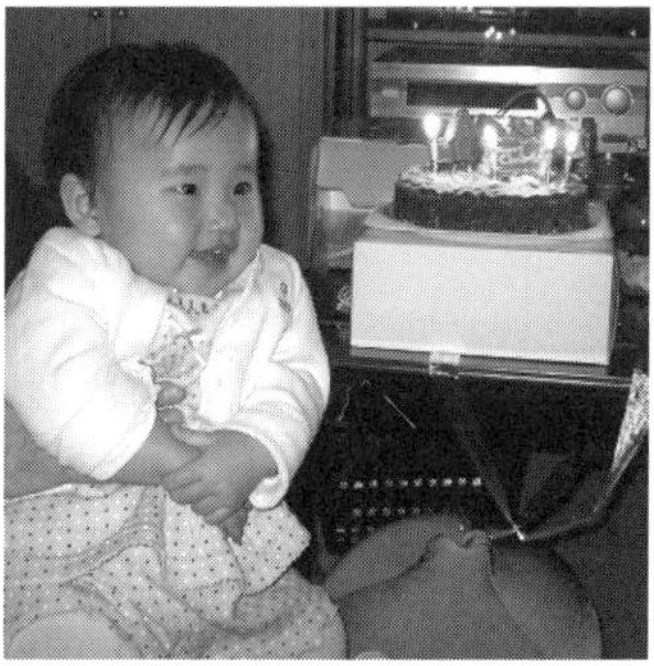

〈一歳児〉

言葉の発達（二）〜「まんま」のその後〜（二〇〇四・四・一八）

一時は小食が心配された娘も、一歳になった現在、食べるものに偏りがあるとはいえ、よく食べます。授乳が一日一回になった今、おっぱいはバナナにその座を譲りつつあります。

「まんま」という言葉を覚えた経緯については「はじめての言葉（二〇〇四・二・一三）」に書きました。食欲が旺盛になるにつれ、この言葉はより実用的になっていきます。お腹がすくと「まんまー！」と叫びながらバナナの棚に突進する。「食べるー！」と言いたいらしい。クッキーの袋を見つけると、「まんまー」といって私に差し出す。「開けろ」と言いたいらしい。スーパーの袋の中からゆでうどんをみつけ、「まんまー」と言って私に差し出す。「ゆでて」と言いたいらしい。ひどくぐずって泣きやまないとき、ミルクを作ってあげると、「まんま！」と言って泣きやむ。「そう、あたしはお腹がすいていたの」と言いたいらしい。

この単語は単なる物の名前ではなく、意志を伝える手段になりました。そして今のところ、意志を伝える単語はこれ以外には特に必要ないようです。

言葉の発達（二）〜「わんわ」〜（二〇〇四・四・一八）

「まんま」の次に使用頻度が高いのが「わんわ」です。最初に使ったのは生後一一ヶ月のとき。ペット売り場で犬を見せたら、突然「わんわ」と言い、それからしばらく「わんわ、わんわ」と言っていました。この時は本当にびっくりしました。誰かわんわという言葉を教えたろうかと。「ほら、わんわんだね」みたいなことは言ったことがあるけれど、そうしょっちゅうではありません。絵本などでは、どちらかというとにゃんこの方が出番が多いのですが。

今でも犬を見るたび「わんわ！」と叫びます。ただ、発音が時々いい加減で、「あわ」と言ったりもします。写真はもちろん、絵本を見ても「わんわ」と言います。テレビに猿や象がうつっても「わんわ」と言うところを見ると、動物全般を指す言葉であるようです。でも犬が一番好きらしく、ペット屋の犬のコーナーでは、ガラスにはりついて動かなくなります。

この言葉は、前述の「まんま」とちがい、特に実用性はないように思えます。ただ、よほど犬が好きなのだなあということはわかるので、犬の本を買ってあげたり、時々犬を見せてあげたりしています。この言葉を発する動機というのは、ただひたすら感動だけなのでしょう。何かを好きになるというのはこういうことか。なぜかはまったくわからないけれど、今の娘は、おそらくバナナの次に犬が好きなのだろうと思います。

言葉の発達（三）～幻の「めんめ」と「あお」～（二〇〇四・四・二一）

娘が生後一一ヶ月のとき。遊びに来ていた夫の母が、娘に絵本を見せていて、「目を指さしてめんめと言うよ」と指摘しました。これにはびっくりしました。めんめという言葉を教えたろうか。「おめめ」とは言ったから、これを自分なりに言いやすくしたのでしょうか。その後、この言葉は何度か聞かれましたが、なぜか定着しないで消えてしまいました。

親の使い方（二〇〇四・三・二七）にも書いたけど、娘は絵本などを見ていると、私の手をつかんで本の方にもっていき、「指さし」を要求します。そのたび絵を指さして、「おめめ、おくち、おはな…」などと教えてあげるのだけど、これらの言葉は発音しません。あ音に比べ、え音は言いにくいのかもしれません。

これも生後一一ヶ月のとき。娘がプラスチックのボール（何が起こるかな（二〇〇四・三・一三）参照）で遊んでいたので、私は娘に青いボールを渡し、娘の顔を見てゆっくり「あお」と言ってみました。驚いたことに、娘は「あお」と繰り返しました。私は喜びました。が、「しまった、こんなことなら〝ボール〟を先に教えれば良かったかな」とも思いました。発音が難しいらしく、「あわ」と言ってしまったりするけど、何度も教えていると、かなり正確に発音しました。今度は緑のボールを渡して「みどり」と言ってみました。すると「いー」とまねしました。他の色、赤とかは、言えませんでした。まあ、親が言ったことを単純にまねることはままあるので、これは言葉をしゃべったとは言えないかもしれません。

しかしその後、「あお」という言葉はたびたび聞かれました。私も時々青い物を指さしては「あお」と教えてあげました。しかし音と意味とが結びつかなかったのか、やがて言わなくなってしまったのです。

言葉の発達（四）～「ば」と「ば」～（二〇〇四・四・一三）

「ば」はバナナの「ば」です。「まんま」で代用されることも多いけど、たまに区別してこの言葉が使われます。もちろんバナナがほしい時に言うのです。

「ば」はいないいないばあの「ば」でもあります。一歳になって、自分でいないいないばあをするようになりました。顔を出すとき、ちゃんと「ば」と言います。私のシャツで顔をかくして遊んだことがあったのですが、何回かやるうち、どうしたわけかシャツが頭に巻き付いてとれなくなり、泣きました。ビニールで子供の事故が起こるわけです。

最初に「ば」と言ったのは、私がトトロのぬいぐるみを使って、大トトロの後ろに隠れていた小トトロが「ばあ」と言って飛び出す遊びをしてみせた時。娘はよく私や夫の後ろに隠れて脇から顔をのぞかせるので、その動きをまねしたのです。すると娘は自分でぬいぐるみを持って、「ば」と言いながら同じ遊びをしてみせました。自分の子供が天才じゃないかと思うのは、こういう瞬間なのです。

言葉の発達（五）〜「あ」〜（二〇〇四・四・二三）

犬を見ると、たまに「あわんわ！」と言います。そういえば食べ物を見て、「あまんま！」と言ったこともあるような。この「あ」はなんでしょう？　不定冠詞の〝a〟でしょうか？　感嘆詞の「あ！」でしょうか？　ひょっとして両者の語源は同じなのでしょうか。

なんにせよ、これは「あ、わんわ」という二語文をしゃべったことにはならないでしょうか？　この時期、二つの言葉を意識して組み合わせるなんてことがあるのでしょうか？「あ」ひとつとっても奥が深い幼児の言葉。

目標への移動（二〇〇四・四・二九）

娘一歳〇ヶ月、歩くようになる直前のことです。同じ歳のNちゃんと一緒に室内公園へ行きました。人工芝の上に二人を放すと、Nちゃんはハイハイしてどんどん遠くへ行きます。やや内股でつまさきをあげ、オットセイのようにおしりを振りながら行くNちゃんの移動方法もなかなか個性的です。

一方うちの娘は、ボールをかかえたまま幸せそうに座り、いつまでたってもナマコのように動きません。その日の公園は混んでいて、やや大きい子どもたちが勢いよく走り回っていました。娘は嬉しそうに、その子たちを目で追っていました。

それからしばらくして、また同じ公園に行きました。今日はそれほど混んでいません。人工芝の上におくと、今度は動き出しました。相変わらずの片足ずりハイで（そして探検が始まる（二〇〇四・一・三）参照）、おそらく本人にとっては十分な、しかしこっちから見るともうちょっと何とかならないかと思うような速度で、せっせとグラウンドを横切っていきます。いったいどこに行くのでしょう？　娘は芝から出て、通路を横切り、トイレの前のベビーベッドにたどりつきました。そこにはやや小さい子が一人入っていて、娘はその子に手を伸ばしました。二人は握手し、一種のコミュニケーションが成立したようです。しかし惜しくも時間切れで、トイレから戻った母親がその子を連れて行ってしまいました。

考えてみれば娘は、銭湯の休憩室をハイハイで一周しながら、各テーブルに挨拶して回ったこともありました。銭湯の脱衣場などでは、一時たりともじっとしていたことがありません。娘がじっと座っているのは、目標物が手元にあるとき、もしくは目標物が移動している時のようです。目標物があれば、娘は移動するのでしょう。

初めての歩行（二〇〇四・四・三〇）

前述の公園では、それ以前にもいろいろなことがありました。生後一〇ヶ月の頃、ハイハイを始めた娘とNちゃんを室内公園に放した時は、床と人工芝の境目のところで二人とも止まってしまい、なかなか芝生に一歩を踏み出せなかったものです。

一歳になってすぐの暖かい日には、外の遊具広場に出したこともありました。地べたに座り込んで、夢中で砂をなで回していました。しばらくして見ると、砂に描かれた模様が広がっていることから、微妙に移動していることが読みとれました。

さて、前述の移動事件から一ヶ月後、娘が一歳一ヶ月になって、初めて歩いたのもここの室内公園でした。それまで、二〜三歩歩くことはあったけど、すぐ手をついてしまっていました。

その日、娘は片足ずりハイがさらに退化（進化？）した、お尻をぺたぺた床につく方法で移動していました。左手と右足で前進するため、空いた右手に物を持てるという利点はあるけど、もはやハイハイともいえず座ったままいざってるような感じで、移動速度はますます落ちていました。そんなことを一〜二時間続けていたかと思ったら、ふと人工芝の上に立ちました。

なんだか歩きそうな気がした私は、近くから声をかけてみました。すると片手に風船を握りしめたまま、足をずるようにして、一歩ずつ歩き出しました。私は手をさしのべたまま、じりじりと後ろに下がっていきます。娘は時々よろけ、そのたび足をふんばって持ち直し、とうとう十数歩を歩きました。それを何度か繰り返し、その日は最高記録二八歩を樹立しました。公園で遊ぶ子供たちを見るうち、歩かない人間が少数派であることに、急に気づいたのかもしれません。

初めての歩行に関する考察（二〇〇四・五・一二）

前述の初めての歩行ですが、その時片手に風船を持っていたのが印象的で、実はそれが大きなポイントだったのかもしれません。

娘がハイハイを始めた頃、手に物を持って移動したので、感心したのをよく覚えています。小さいボールを握りこんで、手をグーにしてせっせとハイハイしていました。なぜそんな苦労をして、わざわざ物を運びたがるのでしょう。もちろん、ただ移動するなら四つ足の方が効率が良いわけで、ヒトは手を使いたいがために直立歩行をするようになったと言われています。立ちたい、歩きたいというのと同様に、物を運びたいというのも、人間の基本的な欲求なのかもしれません。

言葉の発達（六）～「**まんま**」**の発展～**（二〇〇四・五・一二）

「まんま」（言葉の発達～「まんま」のその後～（二〇〇四・四・一八）参照）はその後さらに意味が広がり、おもちゃや絵本も「まんま」になってしまいました。はて、言葉というのは、例えば「わんわ」が「わんわ」と「にゃあにゃ」に分かれるように、だんだん分化していくのかと思っていたのですが。

しかしよく観察していると、「まんま」は何かをしてほしいときに使われているようです。おもちゃを取ってほしい、絵本を読んでほしい、抱っこしてほしい、眠いのでなんとかしてほしい…。要は「やって」というような意味なのでしょうか。最初に覚える言葉というのは、単なる名詞ではなかったようです。そんなわけで、最近は「まんま」の聞き分けがたいへん難しくなっています。

言葉の発達（七）～「あい」（および「はあい」）～（二〇〇四・五・一二）

娘が誰かにかまってほしくて呼びかけても、たいがいは無視されてしまう、という話を以前書きました。（場所見知りのこと（二〇〇四・二・一一）。どう言えば振り向いてもらえるのでしょう。英語の「Hello」や「Hi」に当たるような、言いやすい言葉はないか。「おい」だろうか、「やあ」だろうか。「ねえねえ」を教えてみようか。

それはともかく、物の受け渡しのとき私が「はい」と言っていたら覚えて、「あい」と言うようになりました。物を差し出して「あい」と言う。おかげで私はどこにいても、「あい」と言われれば飛んでいって、差し出された物を受け取らねばなりません。

これは一種のコミュニケーションであるようです。先日ひいじいちゃん（夫の祖父）に会わせたところ、しばらくは警戒していましたが、やがて彼に「あい」と言ってボールを差し出しました。渡したあとは手を出して「返して」というしぐさをし、キャッチボールのように、同じ物を何度も渡します。おじいちゃんとおばあちゃん（夫の父母）に対しては、何が楽しいのか、せっせと交互に渡しています。私と夫も同じ事をされました。おかげで大人が二人、かかりっきりです。うまいことを考えたものだ。

ちなみに、「はい」が言えないわけではありません。「はあい」を教えたところ、ちゃんと復唱しました。たいてい「は、い」と途切れてしまうけど、きれいに「はあい」と言うこともあります。でも物を渡すときの「あい」とは別物であるようです。

言葉の発達（七）の補足（二〇〇四・五・一三）

児童会館やデパートの遊び場などで、相手が大人であろうが子どもであろうが、娘は誰かれかまわず「あい」と言っておもちゃを差し出すようになりました。受け取ってもらうと、とても嬉しそうです。気づいてもらえないと、そのままのポーズでしばらく固まっています。その様子は哀れでもあり、おかしくもあります。差し出しておきながら、渡さないこともあります。でんと座ったまま、届かないほど遠くにいる相手に物を差し出すこともあります。

物の受け渡しのとき、「ドモドモ」という風に頭を下げるしぐさを教えたところ、なぜか渡した時だけして、もらった時にはしません。その動作はだんだん大げさになり、両手を高く上げて、頭を下げながら両手の平でぽんと床をたたきます。なんだかとても楽しそうだけど、意図を理解してもらえるのでしょうか。

物の移し替え（二〇〇四・六・四）

一歳になって、物を入れ物から入れ物へ移し替えるという、高等な遊びをするようになりました。応用例としては、お風呂で洗面器に浮かべたおもちゃ数個をすべて別の洗面器にうつし、次にすべて湯船に放り込む。食事をすべて皿からテーブルにうつし、次にすべて床に落とす。おもちゃ数個をひとつずつ、すべて私に渡す。

この「すべて」というところが、私は印象的でした。というのは、娘が「おすわり」をしていたころ、おもちゃを山積みにしたトレーの前に座り、せっせと中身を外に放り投げていたけど、トレーを空にするということはなかったからです。ある程度中身が減って、底が見えればそれでいいらしく、その後は手にとったおもちゃをまたトレーに戻したりして、終わりがありませんでした。うどんをあげても、ある程度つかんでテーブルの上に広げ、全体が見渡せるようにすれば満足で、食器を空にしようとはしませんでした。

何かここには、目的の変化みたいなものが感じられます。そしてこれが、次の「ひっくり返し行動」へつながったのかもしれません。続く。

ひっくり返し行動（二〇〇四・六・六）

一歳二ヶ月になって、突然「ひっくり返し行動」が激しくなりました。それは娘がコップを使えるようになったので、喜んでコップを持たせた矢先のことでした。コップであろうと、テーブルに置いた食器であろうと、素早くつかんで激しく投げつけ、中身をそこらにぶちまける。最初はびっくりして、本気で怒ってみせたり、言葉で言い聞かせてみたりしました。冷静に受け止める事は難しかったのです。何が原因なのか、娘の機嫌を損ねることをしたろうかと、あれこれ考えてみました。しかしどうやらこれは、どうやってもひっくり返さなければならないものらしいとわかり、自衛に努めることにしました。あまりにひっくり返しが激しいので、コップを持たせるのもやめてしまいました。

お風呂で水の入った洗面器をひっくり返させたり、おもちゃの入ったカップをひっくり返させたりして欲求を満たしてみました。一時期は食器をテーブルに置けないほどだったけど、一ヶ月もしないうちにかなりおさまってきました。今でも油断すると時々やられます。特に液体が入った容器で激しいようです。

それまでも、食器をひっくり返すことがなかったわけではありません。でも、これほど明確な

「悪意」がある（ように見える）ことはなかったのです。例えば七ヶ月のころ、妙に食器を裏返そうとしたことがあったけど、それは食器の裏側を見たいがためでした。

おもちゃの入ったカップをひっくり返す様子を見ていると、単に投げているわけではないらしい。いかにうまく中身をぶちまけるか、工夫して投げているようです。これはどうも「中身をすべて出す」というのが目的ではないかと思われます。

先日、二歳になるA君が遊びに来て、おもちゃ箱をひっくり返し、中身を全部床にぶちまけました。重たいので、娘にはできないことです。そうか、つまりこれが目的なのかなあと、なんとなく思っています。

具体的な「わんわ」と抽象的な「わんわ」（二〇〇四・六・八）

動物はすべて「わんわ」だと言う話を以前書きました。（言葉の発達（二）～「わんわ」～（二〇〇四・四・一八））今でも一向に、「にゃんこ」などとはしゃべらないけど、犬と猫の区別はついているのでしょうか？

確かに他の動物とは区別しているとわかるものに、象があります。まあ他と間違えようもないだろうけど。鼻と鼻をつないでいる象の親子の絵を見せながら、私が自分の指と娘の指を同じようにつないでみせたら、それ以来、象の絵や映像を見るたびに指を出して、「ぞうさんごっこ」

を求めてくるからです。

ぬいぐるみを持って「わんわん！」と言いながら、トントンと床を走るような動作をさせたら、喜んでまねするようになりました。ぬいぐるみだけでなく、動物型の積み木やビスケットでも同じ事をするので、抽象的な形でも動物だと理解できるのだなと感心しました。しかしそのうち、ただの木ぎれや、時には何も持たず手で床をトントンと叩きながら「わんわ、わんわ」と言うようになりました。頭の中でちゃんと犬に見立てているのだなあ。それとも単にそういう遊びだと思っているのでしょうか？

ごっこ遊びの始まり（二〇〇四・六・一〇）

猿のハンドパペットは、娘のお気に入りです。その猿に、「あーん」とか言っておもちゃを食べさせようとします。いつも親に食べさせられているので、自然とまねしたのでしょう。猿の口をぱくぱくさせておもちゃを食べてみせるのは親の役割です。

あるとき、トトロのぬいぐるみを差し出してきたので、猿でぱくっとトトロの耳をかじってみせました。娘はおもしろがってトトロを差し出してきます。それじゃあんまり気の毒だから、かじられたあとトトロが「きゃ〜！」と言って娘に助けを求めるようにしました。娘は喜んでトトロを抱きしめますが、また猿に差し出してきます。

ある時この遊びをしていて、私は途中でトイレに立ちました。トイレに座っていると、娘が転んで尻餅をつくようなドタっという音がし、ついで泣き声が聞こえました。泣き声はすぐにやみ、しばらくして、トイレのドアが開け放たれました。（私がトイレにこもると泣くので、ドアはいつもすぐ開けられるようにしてあります。）娘の両手には、しっかり猿とトトロが握られていました。娘はまだ用を足している私に向かって、「やれ！」と言いたげに猿を差し出しました。私はやった。ええ、やりましたとも。

歩こう、歩こう（二〇〇四・六・一一）

しばしの停滞期をすぎ、一歳二ヶ月頃になって、爆発的な進化が見られました。言葉も、歩くことも、奥歯が生えたことも。

暇さえあれば外に出て、私の手を引いてずんずん歩いていきます。ちなみに娘の歩き方は、両手を上に上げ、後ろから親に握っていてもらいます。これだと手をつないでいるという安心感と、自分が先頭を歩くこととを両立できるのです。当然、行き先も

基本の移動方法
（常に自分が先頭）

自分で決められます。私はいいのですが、夫はかがまなければならないので、腰が痛くなるようです。

土手や石段を上って下りてまた上る。自分で下りられるつもりになって、ちょっとした拍子に手を放し、一人で下り道に突進していくから怖いです。

よその庭先に入って行こうとします。子どもならば許されるだろうに、一人では行けないようで、私をつれて行こうとします。進もうとする娘と、とどまろうとする私が引っ張り合って、しばしそのまま平衡を保ちます。「ダメだよ」と言っても通用しないので、あきらめて手をふりほどき、トンと背中を押してあげます。やっと、てってってっと歩いていきました。私はしゃがんで見守っていると、小声でけしかけてみます。娘の後ろにしゃがんで前方を指さし、「行け、行け!」と小声でけしかてみます。

空耳?（二〇〇四・六・一六）

一歳二ヶ月になって、急に語彙が増えました。だっこ、たっち、あんよ、りんご、でんき、ぼー（ボール）、とーちゃん、かーちゃん、あち（熱い）、わわ（泡）、など。

しかしそれ以上に、意味不明な言葉を常にしゃべっています。ただデタラメに発音して楽しんでいるだけなのか、それとも何か意味があるつもりなのか。全て録音して解析したらおもしろいことがわかるかもしれません。もし意味があるとしたら、大変なことです。だってそうとう長い文をしゃべっているみたいだから。

時折、ぽっと意味のある言葉が聞こえ、「えっ?」と思う事があります。でも発音不明瞭なので、空耳なのか、よくわかりません。「かーちゃん」など、かなり空耳っぽいのですが。「かーちゃん」は一時期よく聞こえたけど、「だっこ」が定着するにしたがって聞かれなくなりました。「だっこ」と言えば親が抱いてくれるのだから、「かーちゃん」よりよほど有用な言葉なのかもしれません。

初めての粘土（二〇〇四・六・二八）

多くの親が情操教育のことを気にかけると言いますが、私も例外ではありません。娘が食べ物をこねまわすのを見ると、そろそろ粘土を与えなければと思ってしまいます。そこであわてて買いに行く。小麦粘土を見ると、対象年齢三歳以上とあります。これは、三歳未満のお子様に与える場合は親が監視してくださいという意味ですね。

まだこねたりはできないけれど、ちぎったりつぶしたりはできます。犬を作ってあげると喜ぶけど、すぐ手足をもいでしまいます。でも粘土は気に入ったみたいで、しまってもしまっても出してきます。

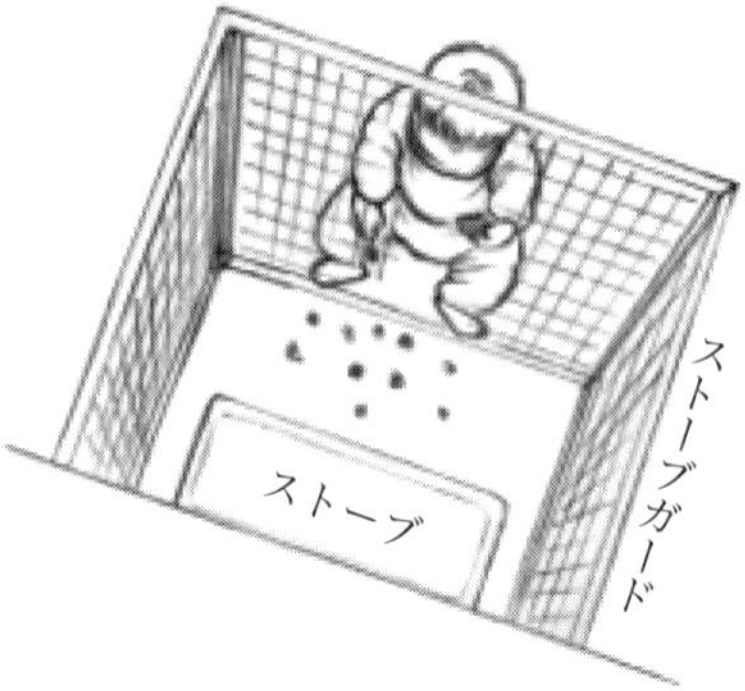

あるとき家事をしていて、娘が妙に静かなので、何をしているのか不審に思ってのぞいてみました。娘はストーブの前に座っています。そこには夫手作りのストーブガードがあり、網目およそ二・五㎝の網で覆われています。娘はぶちぶちと粘土をちぎっては、網目から中に放り込んでいます。考えてみれば、この網目を通る大きさのおもちゃは与えられていません。子どものおもちゃは誤飲を防ぐため、やや大きく作られているのです。

子どもというのは、玄関や縁側から下をのぞきこんで、物を落とします。水を見ると石を落とします。それは手の届かないところに手を届かせる代わりなのかもしれません。ストーブガードとストーブの間、十数センチの空間を、娘がどんな気持ちで見ていたのかはわかりません。が、その空間が粘土のかけらで埋め尽くされて、さぞかし満足だったでしょう。

初めてのクレヨン（二〇〇四・七・六）

前項情操教育の続きです。娘がこぼれたミルクを指でテーブルに広げ、バターで冷蔵庫に絵を描くのを見ると、そろそろクレヨンを与えなければと思ってしまいます。そこであわてて買いに行く。対象年齢は三歳以上とあります。これは、三歳未満の子どもに与えて事故があっても、製造者の責任にはなりませんという意味ですね。

もっとも、子ども向けの粘土やクレヨンは安全な素材でできています。娘はもう何でも口に入れるような歳ではないけれど、おいしそうな物は例外と見えて、粘土もクレヨンも一応かじりました。（見慣れたはずの石けんまで、先日突然かじったのにはびっくりしました。）

左手にボール紙、右手に青のクレヨンをもって、ぐちゃぐちゃの線を書く。しばらくは遊んだけど、そのうち飽きてしまいました。むしろクレヨンを全色すべてそのへんに散らばすのが楽しいようです。どうも子どもにとって、白い紙に線を書くというのは、それほど魅力的ではないようです。じゅうたんに線を書くのはそれなりに魅力的なようですが。

そのうちクレヨンはしまわれて、何となく忘れられてしまいました。次にクレヨンが出てくるのは、娘が家具や壁に線を書く魅力を発見した時になるのかもしれません。

楽しい水遊び（二〇〇四・七・二一）

市内のコンベンションセンターに連れて行くはずだったのだけど（よその子観察日記（二〇〇三・七・二三）参照）、その前に近くの公園で、水遊びデビューをすませてしまいました。今コンベンションセンターに行っても、私の手を引いて（いきなり一人で行く度胸はないはず）、水の上をどこまでも歩いて行くのが目に見えているので、今さらわざわざ行きませんが。

で、最初の水に対する反応はというと、特にためらいはなかったようです。そして味をしめたのか、以来水を見ると突進していきます。水たまりがあれば水を蹴立てて歩く。バケツを置けば、いつのまにか両足を突っ込んでいる。川縁に置いたら、ためらわず突入しようとしました。今度、ぜひ海に連れて行ってみたいものです。

テレビの是非（二〇〇四・八・六）

幼い子どもにテレビを見せることの是非については、いろんなところで論じられています。多くのご家庭で、子どものテレビは必要悪と考えられているようです。私も子どもを産む前は、テレビなしで育てるのが理想かなと思っていました。しかし核家族化、少子化により、母親と二人で過ごす時間が長い現代の子どもに、もうちょっと外界の刺激を与えたくなるのも自然な事だと思うのです。

娘もご多分にもれずNHK教育の「いないいないばあ」が好きです。最近は「いないいないばあ」のオープニングが始まると、「ばあ！」と言って喜びます。子どもが喜べば見せたくなるのが親心で、その時間にはテレビをつけるようにしてみました。

娘はスイッチの類が好きで、生後一一ヶ月くらいから自分でテレビをつけていたけれど、いつしか自分でスイッチを押さず、私の指をつかんでテレビのところにひっぱっていくようになりました。どうも私がつけるとお目当ての番組が始まると思っているようです。しかし私がつけたって、やってない時はやっていないのです。そこでビデオに撮っておくことにしました。そして娘がテレビを見たがった時につけています。お母さんの指は魔法の指ということにしておきましょう。

トトロは怖くて、トトロは楽しい（二〇〇四・八・六）

前回の続きになりますが、もうひとつ娘が好きなのが、「となりのトトロ」のDVDです。おかげで「とっと（トトロ）」という言葉も覚えました。初めて見せたのは一歳になったくらいでしたが、そのときすでに猫バスを指さして「わんわ！」と言いました。ストーリー性のあるものは難しいから、普通は途中で飽きるのに、トトロに限っては八六分の作品を通しで見ます。

好きなシーンは、小さいトトロ、猫バス、ちょうちょ、カエルなど。歓声を上げげて、身を乗り出して見ます。怖いシーンは、大きいトトロ、真っ黒クロスケ、風の夜、雨の夜など。大きいトトロは泣き声をあげるほど怖い。だったら見なければいいのに、私にしがみついて必死に見ている。消すと怒る。でも考えてみれば、これがトトロの、というより子ども向け童話全般の、正しい楽しみ方なのかもしれない。そして現代っ子と妖怪との出会いなのかもしれません。

そんなわけでトトロを見るときは、何かあったらすぐしがみつけるよう、近くにお母さんが待機していなければなりません。おかげで娘につきあって、私もトトロを何回も見ました。そして何度見ても、やっぱり良い作品だと思うのです。

積み木の階段（二〇〇四・八・七）

娘、一歳四ヶ月。そういえばベーシックなおもちゃを忘れていたと思って、積み木を買いました。木製の積み木で、小さめのピースが五〇個入っています。しかし積んだり崩したりという遊びでは、今さら新鮮みがない。

そこでごっこ遊びを試みます。身近な物で簡単な物はないかと考え、すべり台を作り、小さな人形にすべらせてみました。人形が「とん、とん、とん」と言って階段を上がっていくと、娘は大変喜んでくれました。そしてもっとやれと要求してきます。私は何度も人形を動かしながら、そのうち娘が自分でやってくれるだろうと期待していました。

あろうことか、娘はついに自らその階段を上ろうとしたのです。そんなこと言ったたって、娘の足のサイズは優に階段三段分くらいある。無理だとは思ったけれど、娘の熱意に負けて、私も協力しました。積み木が崩れないよう押さえながら、娘の体も支えます。空中歩行みたいだったけど、それでもなんとか上れた、ことにしました。

積み木と人形の組み合わせで、車やシーソーやジャングルジムも喜んでくれました。おままごともしました。最初は人形に食卓を囲ませたけど、娘が自ら積み木のイスに座りたがったので、人形と食卓をはさんで向かい合わせました。お茶に見立てた積み木はちゃんと「飲んだ」し、ごはんに見立てた積み木はちゃんと「食べ」ました。そして人形にも食べさせてあげました。

積み木は、私たち親が娘と一緒に遊ぶにはすばらしい素材であることがわかりました。そして娘の「一人遊び」にはまったく役立ちそうにないこともわかりました。

月を見た（二〇〇四・九・二）

一歳五ヶ月のある夕暮れ、散歩に出たら地平線近くに、月が目立って光っていました。娘は月を指さしました。これには感動しました。今まで娘は、月はもちろん、遠くを見ることがあまりなかったのです。視力がまだ発達していなくて近くしか見えないのだから、当然といえば当然なのですが、それにしても、赤ちゃんはこんなにも遠景に興味がないものかと思ったものです。その娘が月を見て、それから一週間の間に、月は娘の目の前でみるみる太っていき、満月になりました。これで娘はどんな月の絵を見ても、それが月だと納得してくれるでしょう。

カワイイもの自慢（二〇〇四・九・一六）

その一。とある店内で。娘が父親と間違えて、よそのおじさんのズボンにしがみつきました。すぐに気づいて戻ってきたけど、その様子があんまりかわいいので、みんな（私と夫とそのおじさん）で笑いました。すると娘はどうしたわけか、壁の方を向いて突っ立ったまま固まってしまい、声をかけても動かないので、抱えて帰りました。

その二。娘が危ない物で遊んでいました。取り上げると泣くから、おもちゃと交換しようと、父ちゃんが「はい」とおもちゃを差し出しました。すると娘は、いったん受け取っておきながら、おもちゃの方を「あい」と突っ返してきました。父ちゃんはこれで我慢しなさいと言いたげでした。

その三。娘がわざとお茶をひっくり返したり、何かしでかすたびに、私は「めっ！」と言って怒っていました。ひどい時には頭をぺちっとやりました。すると娘は、私が「何すんのー！」と怒ったとき、自ら手で頭をおさえ、「めっ」と言うようになりました。妙に楽しそうでシャクにさわります。さらに、何かこぼした時は、怒られる前に自己申告で「めっ」をするようになりました。それで許されると思ったら大間違いなのですが。

色の認識（二〇〇四・一〇・一〇）

「きいろ」「あお」という言葉は早くから言っていたけど、色を指しているというのが良くわかっていなかったようです。「きいろ」はクレヨンのことだと思っていて、いろんな色のクレヨンをもってきては、嬉しそうに「きいろ」と言ってました。それが一歳六ヶ月のとき、公園の遊具に塗られた色を指し、「あお」「きいろー！」と言い当てたのです。赤や緑は指さしたけど何も言いません。それで、ついに色を認識したのだなあと思いました。

しかしその後、適当に色を指さしては、デタラメに「あお、きいろ」と言っています。赤でも緑でもたいていは黄色なので、特に法則はないようです。カラフルに色分けされたものを指して言うところをみると、色に関係する言葉だということはわかっているようです。でも二つしか言えないから、なんでも二色ですませてしまうのでしょう。

ゴミの認識（二〇〇四・一〇・一七）

ぶどうが好きで、自分で皮をむいて食べ、「かわ」という言葉を覚えました。

むいた皮をゴミ箱に捨てさせるようにしたら、転じていらない物、捨てる物はすべて「かわ」

になりました。「これ〝かわ〟だからポイして」と言えばゴミ箱に捨ててきてくれるし、自らゴミを見つけては、「かわ」と言って捨てにいきます。不思議と、ゴミとそうでないものの区別はついています。

それはさておき、娘がどこからか古いおもちゃを引っ張り出してきました。クリスマスケーキについてきたサンタの飾りで、光が当たると音が鳴るのでおもしろがっていましたが、すぐに壊れてしまいました。夫から聞いた話ですが、修理するほどのものではないと思い、「これ〝かわ〟だから捨ててきて」と言ったところ、娘はしばらく捨てるのをためらったといいます。何度か言って捨てさせたけど、またごみ箱から拾ってきたので、「いいよいいよ、父ちゃんが修理してやるよ。」と言ったら、娘はなぜか自ら「かわ」と言って、ごみ箱に捨てたというのです。なんだか哀れに感じた夫が、ごみ箱から拾ってそのへんに置いておいたら、娘が見つけて、また「かわ」と言って捨ててしまったそうです。夫は、娘が自分に気をつかったのではないかと言うのですが、どうなのでしょう。

消えるクレヨンの謎（二〇〇四・一〇・二四）

娘が、部屋にあるクレヨンを廊下に持っていって、置く。もう一本持ってきて、置く。一本ずつ運んで、廊下にきれいに並べていく。その気になれば一度にもっとたくさん持てるだろうに、なぜか一本ずつ運ぶ。たぶんそういう遊びなのでしょう。

次には台所で洗い物をしている私の足下に並べる。しばらくしてふと見ると、並べてあったクレヨンはなくなっている。ざっと部屋を探しても、どこにも見あたらない。私は頭を巡らせる。娘がクレヨンを一本ずつ運ぶとすれば、あの短時間にすべてどこかに持ち出せるはずはない。それならクレヨンは、まだこのあたりにあるはずだ。そういえば、台所には床下貯蔵スペースがある。その蓋の取っ手を上げると、そこにちょうどクレヨン一本が通るくらいの穴があく。案の定、クレヨンは床下に貯蔵されていました。我ながら見事な推理でした。

一般名詞としてのタコ（二〇〇四・一〇・二六）

娘はたくさんの言葉を覚えます。言葉の発達（二）～「わんわ」～（二〇〇四・四・一八）にも書きましたが、実物の犬も絵本の犬も、同じ「犬」として認識することには驚きました。つまり、一般名詞なのです。「だっこ」は、単に「だっこして」の要求だけではなく、自分がヌイグルミをだっこすることにも使います。だっこという動作全般を指すわけです。

ある日、私が読んでいる本にタコのイラストがあるのを見て、娘が「たこ」と言いました。私は「すごいねえ、何でも知ってるんだねえ」と感心しました。毎度の親バカぶりですが、初めて見るイラストを「タコ」と認識するのだから、本当に感心します。

娘はこれまで、いろんなタコにふれてきました。ぬいぐるみ、おもちゃ、絵本、テレビで見る映像。それらを総合して「タコ」と認識するのでしょう。しかしタコの特徴として、実際のタコと、子ども向けにデフォルメされたタコとの間に、天と地ほどの差があります。デフォルメタコは、丸くてかわいい頭に目口がついていて、その下に足がくる、つまり胴体がない。それに対しリアルなタコは、丸っこい胴体の下に、目口のある小さな頭部がきて、その下に足がある。（生物学上は逆で、足を上として扱います。）そして胴体をぶら下げて動くため、全体がだらんとした感じになります。だから水族館で、見知らぬ母子が「ほら、タコがいるよ。」「タコじゃないよ。」などという会話を繰り広げ、私が横から「タコだよ。」などと口を出してしまうのです。

話を戻すと、娘が次に「タコ」と認めたのは、『にじいろのさかな』という絵本のタコで、これはリアルタイプでした。そして、デフォルメタイプであるヌイグルミのタコを「たこ」と言ったのは、それからしばらく経ってからです。娘の発語はかなり気まぐれだから、この時間差は単なる偶然かもしれません。はたして娘の中で、二つのタコの間に乗り越えねばならない壁はあったのでしょうか？

タコの話の補足（二〇〇四・一〇・二九）

先日、イカのおもちゃを指して「たこ」と言いました。なるほど、許容範囲が広いというのはこういうことでもあるのか。せっかくだから話を合わせて「そうだね、タコだね」と言っておいたけど、いつイカだと教えてあげましょうか。

一歳児のあいさつ（二〇〇四・一〇・二九）

娘が人に物を渡したがる話は以前書きました。（言葉の発達（七）の補足（二〇〇四・五・一三）参照）。公園で時々、娘と同じくらいの歳のなっちゃんという子に会います。その子はいつもニコニコと寄ってきて、何かを渡してくれます。

先日は、娘はなっちゃんにアルミ箔のかけらをもらい、かわりに葉っぱを渡していました。交換が終わるとそれぞれ勝手に遊び始めました。一歳児のコミュニケーションって、これでいいんですね。

お母さんに怒られないために（二〇〇四・一一・六）

その一。水遊びが好き。手を洗わせるために、洗面台の前に踏み台を置き、その上に立たせる。すると水遊びを始めます。しかたないので、洗面台に水をためてあげる。するとコップで水をすくっては捨てる遊びをする。ちょっと目を離したすきに、洗面台の横の床にせっせと水をぶちまけている。あわてて叱って、水遊びをやめさせる。そんなことが二、三回ありました。

娘としては、水をどこかへ移し替えたいけど、移せる場所がないので外に捨てるのでしょう。それはわかるけど、狭い洗面所にバケツや洗面器を置くスペースはないのです。私にできるのは、お風呂に入るときコップを持ち込み、洗面器から洗面器に水を移させてあげることくらいです。

すぐに娘は、手洗いのとき水を捨てることはしなくなりました。それをするとお母さんに怒られるからというより、水遊びを中止させられることがわかったからでしょう。代わりに、コップで水をくんでは口に含み、ぺっと吐きだしています。他に移す場所がないから自分の口に入れているのでしょう。なんだかけなげなような、ちょっと気の毒な気もします。

その二。ベビーパウダーを見つけた。遊びたがるので、パフを持たせてあげました。しばらくはそれで顔をパフパフやっていましたが、やがてパウダーの缶に目がいきました。開けると恐ろしいことになるのはわかっていたけれど、うるさくせがむので、しかたなく開ける。そっとパフに粉をつけるよう指導するけど、案の定すぐ手を突っ込んで粉をこぼし始めたので、取り上げてやめさせる。

しかしあんまりせがむので、もう一度缶を渡して開けてあげる。娘は粉を見つめ、上に手をかざしたりして、それはそれは幸せそうに何かしゃべり続けている。どうやらパウダーは触ってはいけない物と認識したようです。ずいぶん長いことそうしていましたが、やがて私の指をつかみ、粉に触れさせます。何回かやったあと、とうとう自分の指を入れました。最初は指先でつつくだけでしたが、だんだん大胆になり、手を突っ込み、ついに粉をこぼし始めたので、また取り上げました。今度は娘は騒ぎません。そのへんは了解事項として認められたようです。

言葉の発達〜単語数のこと〜（二〇〇四・一一・二三）

娘が覚えた単語を記録したところ、単語数は以下のようになりました。親が言った言葉をただ復唱した場合は数えず、明らかに意味がわかって言った言葉については、一回だけの発語でも数えました。

一歳以前　　二語
一歳〇ヶ月　＋二語
一歳一ヶ月　＋一語
一歳二ヶ月　＋一〇語
一歳三ヶ月　＋九語
一歳四ヶ月　＋九語
一歳五ヶ月　＋一三語
一歳六ヶ月　＋一七語

一歳七ヶ月　十三〇語くらい
合計九〇語くらい
私の感覚としては、一歳前後は停滞しているように感じた時期で、一歳半くらいから急に増えたようです。一歳七ヶ月になると、あまりに単語数が多いので数えるのがめんどうになりました。こういう研究は誰かがやっていると思うし、娘も二語文を話すようになったので、この辺でやめておこうと思います。
なお、合計九〇語といっても、実際には忘れていく単語も多いので、日々それだけ使いこなしているわけではありません。ちなみに今のブームは、「こーえん（公園）」と「こっちだよ」。「こっちだよ」は、主にお母さんをテレビのスイッチまで誘導するのに使われます。

言葉の発達〜二語文のこと〜（二〇〇四・一一・二三）
一歳半くらいから、娘もとうとうとう二語文を話すようになりました。最初に話したそれらしいものは、語尾に「〜よ」「〜だ」「〜だよ」をつけたものです。ちなみに「こっちだよ」という呼びかけはもう少し前から（一歳五ヶ月くらい）やっていましたが、どうも一つの単語と思っていたようです。今ではいろいろな単語につけて使いこなしています。
その次は、単語のあとに「いっぱい」をつけることでした。「かき（柿）、いっぱい」「でんき、いっぱい」など。また、「きいろ、はっぱ」のように形容詞が前に来る文も言えます。

以前から、デタラメ言葉はよくしゃべっていました。なにやら聞き取れない長い言葉をダーッとしゃべるので、とても複雑な文章を話しているつもりらしいです。最近は、その冒頭に既知の単語がつくようになりました。たとえば、「かーちゃん×○△□……」のように。かーちゃんを主語にした、とても高等な文を話しているようです。ちなみにおばあちゃんと電話で話したときは、「ばーちゃん×○△□……」と何度も言いながら、五分ほどは受話器を離しませんでした。

犬猫のこと（二〇〇四・一二・五）

動物が好きです。どうも犬や猫を自分の仲間と思っているふしがあります。近所の犬猫をせっせと追いかけては、逃げられています。犬猫を追ってよその家に上がりこみます。誰もいなければ､家の前で「わんわん！」「にゃーん！」と大声で呼ばわります。呼んだって出てこないのです。

春に近所の猫が子どもを生んで、夏ぐらいにはそこらをうろちょろしていました。一度、母猫が散らばった子猫たちを呼び集めようと、にゃあにゃあ鳴き続けていました。娘は大喜びで出て行き、「にゃーん、にゃーん！」と母猫に応えていました。母猫は当惑しつつも動けず、子猫たちはどうにも近寄れずにいました。さぞかし迷惑だったことでしょう。

寝起きが悪い（二〇〇四・一二・五）

寝ているとき、特に明け方などに、娘はよく私に抱きついてきます。私の首や耳や顔を抱きしめた状態で、また眠ってしまいます。そんなわけで、お母さんは二度寝に必須のアイテムとなってしまいました。もともと寝起きの悪い私にとって、朝のふとんというのは離れがたいものなのに、娘に抱きつかれた日には、その吸引力たるやすさまじいものがあります。そんなわけで、親子ともども寝てしまうこともしばしばです。

世の中には、朝になったら子どもをさっさと叩き起こす親と、ぎりぎりまで寝かせておく親がいるようです。もしかしたら、その育て方の違いが、朝に強い人間と弱い人間の違いにつながるのでしょうか？　私は寝坊・遅刻癖により、ずっと苦労してきました。周りにも迷惑をかけてきました。同じ過ちを娘にはさせたくない。心を鬼にして起こすべきではないでしょうか。

しかしその寝坊が遠因で今の夫と出会い結婚したことを考えると、人生すべて塞翁が馬なんだよとか言って、お茶を濁してしまいそうになります。

逆ギレのこと（二〇〇五・一・六）

わずか一歳の子どもに対して、けっこう怒鳴っています。そうするつもりではないのに、そうなってしまうのです。それでも二つ気をつけていることがあります。母親と父親が同時に叱らないということと、怒ったときの気分を後までひきずらないということです。前者については、そもそも夫が娘を叱ったことがないので問題外。後者については、一度逆ギレされてひどい目にあったのです。

娘が一歳半のときです。例によって食べ物をわざとひっくり返しました。度重なる蛮行に私は娘を怒鳴りつけてもおさまらず、それでも冷却期間を置こうと、しばらく娘を放っておきました。娘は例によってケロッと一人で遊んでいて、問題はないようでした。私は娘と目を合わせないようにして、さてオヤツは何を食べさせようかと考えながら、とりあえず自分は適当にそのへんの物をつまんで口に入れました。

そのとたん、娘がすごい勢いで泣き出したのです。どんなになだめても泣きやまず、しばらくはその勢いで泣き、最後にとうとう眠りました。それだけではおさまらず、その夜は久しぶりに夜泣きまでしたのです。なぜそのときに限ってそんなに激しく泣いたのかはよくわかりませんが、それに懲りて、その後はなるべく、怒るのはその場限りになるよう心がけています。

子どもはいくら叱っても怒ってもまったくこたえないように見えるのに、なんで逆ギレされなければならないのでしょう。

便利な形容詞（二〇〇五・一・六）

一歳八ヶ月になって、「おおきい」「ちいさい」「おもい」「いっぱい」「こわい」などの形容詞をよく使うようになりました。これはなかなか便利であるらしく、何を言ったらいいのかよくわからないときは、たいていこれですませてしまいます。そのぶんデタラメ言葉は少し減ったような気がします。

使用例一。風呂場で体を洗っていたら、娘が何を思ったか私のお尻をのぞきこんで、しばらく「おっしり、おっしり」と言っていましたが、最後に一言「でっかーい」。言いたいことはそれだけですか？

使用例二。夫の祖父、つまり娘のひいおじいちゃんに、久しぶりに会いました。ひいじいちゃんのことは「おおじいちゃん」とか「大きいじいちゃん」と教わっていたので、娘は彼を指さして「おっきい、おっきい」と言います。意味はわかっているのでしょうか？

絵本の読み方（二〇〇五・一・一六）

絵本を読む場合、一ページに費やせる時間はおよそ三秒で、それ以上読んでいたら、娘は勝手にページをめくってしまいます。一歳児の集中力はこのへんが限界ということでしょう。そこで長い文章は、適当に端折って読みます。あるいは原型をとどめないほど改編します。そうすると、かなり大きい子向けの本でも読めるのです。小さいモモちゃんシリーズなんか好きですね。それでも、ノッてる時は「もっと、もっと、もっと」と一〇回以上も繰り返し読まされるので、たいして楽でもありません。私以外の人が読んだときに、いつもと違うと文句を言うかもしれませんね。

子どもはいつも遊んでる（二〇〇五・一・三〇）

近くのスーパーに買い物に行くと、まずエスカレーターで二階に上がります。着いたらそのまま下りに乗り換え、一階に下ります。この往復運動を何回か繰り返します。これは娘が歩き始めたころからの儀式だから、もう半年以上も続いています。最初のころは一〇往復以上したものです。最近はそれほどしないけれど、そのあとは遊具場かゲームコーナーに向かいます。買い物をしたければ、どこかでジュースなりガチャポンなりの戦利品を持たせなければなりません。娘が生まれて、子どもを連れての買い物はなかなかの重労働だと思いましたが、娘が歩くようになってからは労働を通り越して格闘です。

他にも、疑問はいろいろあります。子どもは出かける直前になっておもちゃや絵本を持ってくるとか、服を着せたそばから脱いでしまうとか。なぜ子どもは出かける支度に対してこうも非協力的なのだろう？　もちろんそれは気のせいで、子どもはいつも通りにふるまっているにすぎないのですが。子どもは常に、何かおもしろい事はないかと探しています。そして世の中には、おもしろい事がたくさんあるようです。

トトロに助けを求める（二〇〇五・二・一三）

食事をしていて、娘がごはんのついたスプーンをぶんぶん振り回して、そこらにごはんをまき散らかしました。思わず「やめろ！」と怒鳴ったら、娘は怒って「トトロー！」と叫びました。イスを降りてトトロのぬいぐるみに向かい、何か言いつけている様子。それからトトロを片手に抱えたまま、もう片方の手でお絵かきを始めました。

母親と二人きりというのは、子どもにとっては逃げ場がないのだなあと思うけど、トトロが助けてくれるようで良かったと言うべきか。

トトロに絵本を読んであげる（二〇〇五・二・二二）

最近、「チハルえほんよんでー」と自分で言って、トトロのぬいぐるみに絵本を読んであげるようになりました。絵本のセリフや歌の歌詞をよく暗記しているのには感心します。絵本をめくるのはけっこう難しくて、ちょっと前まではページをいくつかとばしてしまうことが多かったのですが、最近では一枚ずつ、うまいことめくります。ただ、トトロの方に絵本を向けると自分にとってはさかさまになるわけで、その状態でいつものように絵本をめくると、見事に逆順になります。各ページのセリフはけっこう覚えているので、読むのに不自由はないようですが、ストーリーがさかさまになるのは気にならないのでしょうか？

泣きやむ方法（二〇〇五・三・一六）

二歳近くなった今でも時々、ひどく泣くことがあります。特に眠りからさめて泣き出すことが多いです。泣き続ける時間は五分程度から一時間以上まで様々だけど、泣きやむときはいつも唐突です。突然泣きやんでしゃべり出す。目の前にある物を指さして名前を言ったり、あるいはただ単に思いついた単語を口に出す。そしてしゃべりながら遊び始める。

いつからこうなのかと考えると、やはりよく話すようになってからのことだと思うから、一歳半くらいからでしょうか。それ以前はどうだったでしょう。何か珍しい物でいっしょうけんめい気をそらしたり（夜中の授乳（三）〜決着編〜（二〇〇四・三・一〇）参照）、泣き疲れるまでひたすら耐えたり、とにかく簡単には泣きやんでくれませんでした。どうも赤ちゃんは自分で泣きやむことができなくて、それが泣きやむ技術を身につけ、それはなぜか言葉の発達と関係しているようです。

頭の中のシナリオ（一）（二〇〇五・三・一三）

一歳一〇ヶ月ごろから、ごっこ遊びにストーリーが導入されるようになりました。それは簡単なシナリオに沿って行われ、何度も何度も繰り返されます。親もたいてい、何らかの役割を割り振られます。

例一。娘がじいちゃんのひざにトトロのぬいぐるみを寝かせる。いったん離れ、「はーい、ちょっとまってー」と言って戻って来て、「おきてー」と言ってトトロを抱え上げ、連れて行く。ここが一番おもしろいところらしく、じいちゃんを振り向いてにやりと笑う。セリフはどうも、私のまねをしているらしい。

例二。窓の外に雪だるまが立っている。娘は私に窓を開けさせ、「いらっしゃい、またねー」と言って手を振り、となりの部屋に行ってしばらくうろうろしたあと、また窓辺に戻ってくる。

例三。小さなヌイグルミが五つある。娘がその中のひとつを持ち、私が残りを持つ。みんなで積み木のシーソーに乗って遊ぶうち、娘のヌイグルミが下に落ちる。娘はヌイグルミを仰向けにしたまま、「おちちゃったー」。私は残りのヌイグルミを総動員してのぞき込み、「だいじょーぶー？よしよし、痛いの痛いのとんでけー。」娘のヌイグルミは起きあがって、またシーソーで遊び出す。

最初、娘は全てのセリフを自分で言っていましたが、すぐに四つのヌイグルミを私に渡すと同時に、後半のセリフも要求してきました。勝手にセリフや動作を省略することは、私には許されていません。

頭の中のシナリオ（二）～ビデオより～（二〇〇五・三・二三）

最近では、何度も見たビデオの一シーンが再現されたりします。丸暗記しているわけだから、きちんと助詞を使った複雑なセリフも言えます。

例。ミッフィーのアニメの一シーンより。娘がおもちゃの鍋をかきまわしている。

私（ボリス役）「バーバラ、僕についてきて」

娘（バーバラ役）「ピクニックね」

娘はバッグを持って歩き出す。ここで何かつなぎが必要になるらしく、カートを押してしばらく歩いてみたり、一緒に歩き出した私と追いかけっこをしたりと、元の話とは関係のないシーンが挿入され、再び初めに戻る。

私と娘の役柄が交代することもあります。そんなとき娘は必ず「バーバラ」を「バーラバ」と言います。「バーバラだよ」と教えてあげると、必ず「バーラバン」と言います。

頭の中のシナリオ（三）～日常を演出する～（二〇〇五・三・二三）

夫は普段あまり家にいないので、たまにいると、娘は嬉しいようです。ある日、玄関で「ただいまー」と声がする。娘は「とうちゃんだ！」と言い、部屋のすみに行って、背を向けてお絵かきを始める。父ちゃんが部屋に入ってくると、娘は振り向き、「とうちゃーん！」と駆け寄っていく。

娘を抱き上げたあと、父ちゃんは車に用があるのを思い出し、いったん外に出る。娘は再び部屋のすみに行き、背を向けてお絵かきを始める。再び父ちゃんが入ってくると、娘は振り向き、「とーちゃん、とーちゃん！」とおおげさに喜ぶ。何か感動的な再会のような物を演じたいらしいのです。

歌の習得（二〇〇五・四・一）

一歳九ヶ月。「ぼくのクレヨン」という歌の一節を、「くーれーよん、くーれーよん」「だーかーらー」などと、ちゃんと節をつけて歌う。一歳一〇ヶ月。暗記力がものすごく、いろんな歌の歌詞を時々くちずさむ。ただし歌詞だけで、曲が伴わない。一歳一一ヶ月。突然「チューリップ」を歌う。最初から最後までちゃんと歌う。何度も繰り返し歌う。曲もほぼ正しい。そして今、いろんな歌を歌います。曲はけっこういいかげんですが、レパートリーは多いです。歌えるのは楽しいのですね。

不思議なのは、しばらく聴いていなかったはずの歌を、何かのきっかけで突然思い出して歌うことです。（例。ストローをくわえていて、突然しゃぼん玉の歌を歌い出す。「箱」という言葉を聞いて、突然「はこう、はこう、鬼のパンツ」と歌い出す、など。）確かに一時期よく歌ってきかせた歌だけど、何ヶ月も聴いてなかったような歌をよく思い出せるものです。ずっと覚えていたのですね。

雪だるまの絵（二〇〇五・四・二）

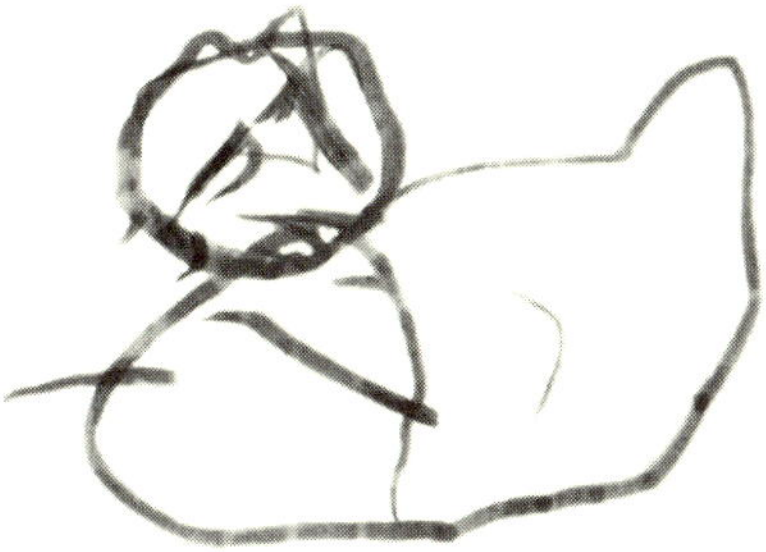

娘のお絵かきには日々進歩がありますが、はっきり何であるかわかるような絵を描いたのは、今までに一度だけです。それは雪だるまの絵でした。

娘は一時期、自分が描くと同時に、親にも描くことをせがみました。雪だるまの絵を描いてあげたら、「あし！」と言うので、足も描いてあげました。「ゆきだるま、かきかき」「みどりゆきだるま」「ぴんくゆきだるま」と、次々ペンを親に渡しては雪だるまをせがむ。そこで簡単な絵描き歌をつけて、同じ絵を描くようにしました。こうして数日の間に、私と夫で何十体もの雪だるまを描きました。

その後、とうとう娘は自分で雪だるまを描いたのです。できあがった絵を自分で眺めて、何度も「ゆきだるま、ねてる」と言います。この雪だるまは眠っているのでしょうか。確かに線はぐにゃぐにゃで、半分溶けかかっているようです。あるいは目が細いから、寝ているように見えるのでしょうか。

その後娘の絵は、小さな丸の中に丸を重ねた三重丸みたいなのを、いくつも描いたりすることが多くなりました。時には、大きい丸の中に「おめめ」「おはな」などと言って小さな丸を描き、顔みたいなものを作った後、上からぐしゃぐしゃの線をひいてしまったりします。描く過程を見ていないと、なかなか何を描こうとしていたのかはわかりません。

お母さんのお腹の中には（二〇〇五・三・二八）

病院で、私は診察台に横たわり、お腹を出す。娘が「おなか、おなか」と言って喜ぶ。

「お母さんのお腹に何が入っているのかな？」看護師さんが話しかける。

「たけちよ、はいってるのー」娘が答える。

「えっ、何が入っているの？」看護婦さんが聞き返す。

私はフォローできずに、笑ってごまかす。

娘は私のお腹の中にいたころ、菊千代という名前でした。今、私のお腹には二人目の子どもがいて、竹千代と呼ばれています。これは全面的に夫の責任ですが、娘はいつも私のお腹をみて、「たけちよ、はいってるのー」と言います。自分のお腹を指さし、「たけちよ、はいってるのー」と言うこともあります。竹千代は赤ちゃんで、あなたの妹だよと言っても、娘は理解しているのかどうかあやしいです。娘を納得させるには、本当に竹千代と名付けるしかないのかもしれません。

巻（二）に続く

121

育児日記をめぐってあかちゃんを考える

中野　尚彦

☆お母さんの心理学

一人のあかちゃんの育児日記には、乳幼児心理学のすべてのテーマとそれ以上の何かが含まれている。あたりまえのことではあるが、「心理学」の知識は「一人のあかちゃん」という全体像の断片的な一部分に過ぎない。

もう一つ、お母さんというものは、心理学が長い年月をかけて積み上げた知識を、あかちゃんを見ていて自然に知ってしまう。物を掴むためにはまず自分の手を見なければならない(1)、お母さんはそう思い至るのだが、これは心理学ではなかなかのトピックだったのである。足は感覚器官だ(11)、これが重要な指摘になる場面をしばしば経験する。掴むためには予め指を開く(6)、あかちゃんの計画的行動の始まりとして、欠くことのできない項目だ。言葉が感情や考えを整え意思を生み出す(32)、このテーマの範囲はとても広い。

孫の顔を見に空路出かけて行って数日滞在し、母と子はこれほど密着して暮らしているものか、ということに驚く。心理学の長年の労を軽々と超えるお母さんの日常的発見は、この密着の故であろう。

読み通してみて、あかちゃんについて幾つかのことを思う。

あかちゃんの心は複雑で、いろいろ考え苦労もしている。おっぱいを飲むのだって(3・23)、眠るのだって(10・24)苦労はある。人に対しても(9・12・19・30)、自分の心についても(4・31)時折思いもかけない複雑さを覗かせる。強い意志の主張(8・12)もある。

しかしあかちゃんは無垢で、無垢は単純だと人は思い込んでいるから、わかってもらえないことも多い。そのストレスの中であかちゃんが機嫌よく育っていけるのはなぜか。あかちゃんのタフネスによるものだ、そうではあるが、そういう一言で片づけてはいけないもののようだ。あかちゃん自身がそれぞれ自分で考え工夫しストレスを乗り越えていく、どうもそういうことらしい(25・28・32)。誤解されたお兄ちゃん(26)は気の毒だが、一歳児ともなれば経験も積んでいる。こういう災難を処理していけるだけの心を持っているのだと思う。

あかちゃんがその都度いろいろなことを考えているとすれば、お母さんもまたその都度あかちゃんの考えに合わせていかなければならない(2・18・22)。時にはあかちゃんと一緒に日常を外れたり(29)、なんだかわからない不思議な経験も(4・22)しなければならない。育児法というものについて、お母さん達はどれが良いのか頭を悩ますようだが(13)、正しい育児法は一つしかない。「あかちゃんに聞け」。

あかちゃんには複雑な心があるのだから、あかちゃん一人一人がみな違っていて当たり前だ。例えばあかちゃんは、寝返り、座り、這い、立ち、歩く。これらの身体運動が一つ一つ順に出てくるものだと考えれば、早い・遅い、できる・できない、の区別しかないが、あかちゃんにとって身体運動はそういうものではない。どの運動だって、自分で工夫し努力し創り出さねばならない(15・17・20・★6)。

だから這うも座るもあかちゃんによってやり方がみな違う(5・7・14・16)。それにしても一〇カ月児のヒンズースクワット(27)には驚いた。どうやって立とうか、一生懸命考えたのだと思えば、いじらしくもあり微笑ましくもある。

あかちゃんはいろいろなことをする。何かに熱中してせっせとやる。時にはお母さんが怒るようなことでも、やるとなったら繰り返しやる。何がそんなにおもしろいのか、なぜそんなことをするのか、不思議といえば不思議だが、時が経って振り返ってみれば、あかちゃんのすることはみな一続きに繋がっている(★4)。あれがあったから今これがある。あれの前にはまた別のあれがある。そうやって辿ってみれば、あかちゃんは生まれた時からひたすら今に向かって一筋道を歩んできたのだということがわかる。

あかちゃんの歩む一筋道に目を向けてみれば、あかちゃんはみな同じだ。あかちゃんは一人一人みな違う、そうではあるが、あかちゃんは「一人の人」であるという点でみな同じだ。以下、心理学という断片的知識からの注釈を幾つか書き並べて置く。

(1)手と目に関する考察・8頁　(2)寝かしつける方法・8頁　(3)赤ちゃんは苦労している・11頁　(4)声を出して笑おう・13頁　(5)よその子観察日記・18頁　(6)つかむこと、その後・19頁　(7)四ヶ月健診における社会性の芽生え・01頁　(8)痛みの学習・23頁　(9)すねる・24頁　(10)足をのせる・25頁　(11)足をつかむ・26頁　(12)人見知りのこと・29頁　(13)育児のキーワード・30頁　(14)寝返りに関する考察・31頁　(15)お座りか

★1　あかちゃんの目（一）～あかちゃんはいつから見えるか～

あかちゃんの目は生まれてすぐに活動を開始する（1）。だから初め見えていなくてある時見えるようになる、という性質のものではない。

このあかちゃんの叔父さんが新生児だった時、初めて孫を抱っこしたおばあちゃんが、目の前で手をひらひらさせながら動かして、ああ、見えるわ、と言った。彼はぎごちないながらもはっきりと、おばあちゃんの手を目で追いかけた。

あかちゃんは目が見えていない、と思っているお母さんは今でもたくさんいるらしい。しかし見えていることを知っているお母さんは昔からたくさんいたようである。

心理学はここ半世紀ばかりの発見であかちゃんの見る能力を次々に上方修正してきたが、あかちゃんを育てるお母さんに心理学の知識は要らない。あかちゃんに日々密着して暮らしていればあかちゃんが教えてくれる。

(1) 最初に必要なおもちゃ・3頁

★2　あかちゃんの目（二）～あかちゃんは何を見るか～

あかちゃんが室内のオムツをみつめる(1)。そうだと知ってお母さんはあかちゃんにオムツを見せる。動くもの、音のするものを目で追ったあかちゃんが、視野の中から動かない物の一つを選びとって見る。世界の変化に反応するのではなく、自分で世界を探索する。あかちゃんの目の大転換だ。真剣にオムツを見つめてあかちゃんは何か大発見をしたに違いない。

一つの物を見つめれば、一つ一つの違いや類似がわかる。あかちゃんが目を向けるのは違いや類似を作り出すさまざまな特徴だ。オムツに何を見たか、カレンダーに何を見たか、あかちゃんにとって見える世界は日々発見の連続であろうと思う。あかちゃんのその発見の筋道を考えてみると、お月様を見るのは一番最後かもしれない(3)。

文字は類似パターンの連続という特徴を持つ。これは目を引く。あかちゃんは熱心にその特徴を見続ける(2)。人はなぜ文字のような微細なパターンを識別することができるのか、心理学の難問はさし措いて、ママと一緒にカレンダーを見つめたこのあかちゃんはいつか文字を読む人になる。

(1) オムツレポート・7頁　(2) はじめての絵本・7頁　(3) 月を見た・97頁

★3　あかちゃんの会話 〜あかちゃんはいつからお話するか〜

真剣にオムツを眺めてそれからお母さんの顔を見て「あーあー」と言う。この育児書に出てくる最初の母子の会話だ(1)。あかちゃんが何を言ったか、正確なことはわからないが、わかる範囲で翻訳しておく。「わたしあれを見たのよ。ママも見たでしょ。ね、わかった？」

さて何がわかったか、わからなくてもよい。あかちゃんが「あーあー」と言って、お母さんが「あーあー」と答える。それで会話は成り立つ(2・3)。会話は言葉という荷物を載せる台車だ。良い台車はいつか言葉を載せて走る。大きくて丈夫な台車にはたくさんの荷物が載る。

あかちゃんはあかちゃんの経験したことを絶えずお母さんに報告する。お母さんとの共有という台車に載って、あかちゃんの社会生活が作られる(★9)。

(1) オムツレポート・7頁　(2) 赤ちゃんの「お話」は言語か？・22頁　(3) すねる・24頁

★4　あかちゃんの手 〜世界征服への道〜

あかちゃんの手は何をするか、それを初めから見ていけば、あかちゃんが世界征服という一続きの道を歩むということが良くわかる。

あかちゃんにおもちゃを見せると、手だけでなく足までもバタバタさせて喜ぶ(1・2)。あかちゃんは初めから、見たものをなんでも掴もうと思っている、掴もうと思って手足をバタバタ動かす、とされている。

　掴むにはまずそこへ手を伸ばさなければならない。そのためには手の位置と物の位置が一致しなければならない。だからまず自分の手を見なければならない（1）。お母さん仮説は正しい。仰向けに寝たあかちゃんが顔の前に拳を翳してまじまじと見ているというちょっと不思議な光景に出合うことがある。自分の手の位置について研究しているのだとされている。

　手と物の位置が一致してあかちゃんは物に触れることができるようになるが、これは手が自由に動かせるようになったという意味ではない。バタバタとではあるが、手は既に自由に動いていた。その動きに掴もうとするあかちゃんの意思を感じなければ、お母さんはあかちゃんが掴むための工夫を始めたりしない（2・3）。

　掴もうとして手はバタバタと動いている。でも動かせるありったけの動きで動いたのでは目標に届くことにならない。自由に動き過ぎるその動きを抑えて、「そこへ向かう動き」だけを取り出せるようになる、そう考えるのが正しい。必要なものは既に揃っている。その中から一つだけを選び取る。人の仕組みとして、この方略は他のいろいろなことについて起きる。例えば、言葉についても同じことが起きる（★11）。

　こうやってあかちゃんはだんだん上手に玩具に触れるようになる。でもまだうまく掴めない。あかちゃんは通常手をグーに閉じている。手を伸ばし、玩具に届いてから指を開いたのでは間に合わない。拳で玩具を跳ね飛ばすことになる（1・2・3）。掴むだけなら、あかちゃんは掴むことができる。あかちゃんの手にちょんちょんと玩具を触れてあげれば、指を開いて掴む。やがて手の甲に触れると手首を回し、触れながら動かすと手が追いかけてきて掴むようになる。そして握ってしまえば指をグーに閉じているから、背中のあかちゃんに玩具を持たせるとたいてい落とさずに持っている。

自分で手を伸ばして掴むには、触れる前に指を開いていなければならない(5)。このお母さん仮説も正しい。

何かのために予め何かをする。目的部とそれに先立つ準備部を組み合わせてもっと複雑な何かができるようになる。掴むことは、計画的行動というあかちゃんの知恵の始まりであり、「いつかあそこへ行ってあれを全部掴むぞ(4)」という世界征服の野望の一歩前進である。

あかちゃんは掴んだものを口へ持っていく(3・6)。あかちゃんは初めに口で世界を知った。「これ(乳首)」は「これ(乳)」だと知った。だから「目で見て手で掴んだこれ」は「口で感じるこれ」だ、そういうふうにあかちゃんは口に尋ねて新しい「これ」を知る。玩具を見て手足をバタバタさせる時に口もハッハと開けるのは、掴んだ物を口に入れようと思っているからだとされている。「掴んだこれ」を「そこ(口)」に運ぶことも少々の練習を必要とする。掴んだ玩具を口に入れようとして勢いよくおでこにぶっつけて泣いたあかちゃんを見たことがある。

掴むことが自由になったあかちゃんは次々と掴んではしゃぶり、しゃぶっては捨てる(7)。そうやって目と手の情報と口の情報の照合が十分積もれば、掴んだ時に口に入れる物と入れない物の区別が出てくる(9)。

玩具を見つけて掴んだが、これはもう口に入れてみるに及ばない。ではこれをどうしよう。とりあえず玩具で床を叩いてみる(16)。自分と物の関係はわかった。今度は物と物の関係を自分が取り仕切る。道具の使用がここに始まる。そしてこれは役割ごっこ(★10)の始まりでもある。

何かに手を伸ばしたが掴まないということも起きる。だってこれを口に入れるつもりはないし、何かをする道具にもならない。だからこれをぺちぺち叩く(8)。以前はお友達に会ったら手を掴んで口に入れたけど(6)、今はもうそんなことはしない。ぺちぺち叩く(8・14)。掴まないで叩くのは距離をおいて関係を保つということだ。ママに抱っこされなくてもママはそこにいる、そういうあかちゃんの空間支配の始まりである。

掴んで放すということも起きる。ある時期あかちゃんはテーブルの上の物をせっせと落とす。拾ってあげるとまた落とす。お母さんが叱っても落とす。これをこうするとこうなるの、ほらね、わたしできるわ。ひもで床をつっついたのは(12)、落とすことと道具の使用を結びつけたこのあかちゃんの知恵だが、天才というほどの発明ではない。みな似たり寄ったりのことをする。

掴むも叩くも落とすも、あかちゃんは全力投球だ。お母さんが止めたってだめだ。わたし、これができるのよ、これをしなくっちゃぁ。そうやって一生懸命修練すれば、力の調節ということも出てくる。お花をむしり取らないでそっと触れる(10)。打ちつけないで突っつく(11)。放り投げないでのせる(16・21)。やってみるべきことはたくさんある(16)。〇歳から一歳への進級試験だ(10)。

中でも「入れる」ことは必須科目だ。捨てるのはもうできた。でも「これ」を「ここ」に入れるというのは大発見だ(16)。あかちゃんは入れる。なんでもどこにでも入れる。どこに何を入れるかお母さんにも見当がつかない(19・22・23)。

この時期あかちゃんは他にも思いがけないことをたくさんやる。床下収納庫の穴にクレヨンを入れたり(22)、床にお粥をポタポタたらしたり(12)、このあたりはまだ穏やかな部類だ。もっともっといろんなことを発明する。発明の結果の誤飲や火傷もあるからお母さんは目が離せない。

もう少し大きくなって言葉が出てきて二語文を話し始めると、あかちゃんは誰も考えたことのない文を発明する(★15)。二語文に先立って、二語文を発明するのと同じに、あかちゃんは誰も思いつかないような行動を発明する。「指を開いて―触れる」(5)ということに始まって、何が計画されるかお母さんにも予測できない。

「これをこうする」「それをそうする」両方できた。するとあかちゃんは「これをそうする」「それをこうする」ことを発明する。「お粥を床にたらす、ポタポタ(12)」「バターを冷蔵庫の扉に塗る、ヌリヌリ(20)」「絨毯にクレヨンで描く、グシャグシャ(20)」、他にもいろいろある。「お箸で襖を突く、プスプス」、「鼻の穴に豆を詰める、グリグリ」、小さな武勇伝を集めれば一冊の本になる。

あかちゃんがこういう状態にある時、離乳食の食卓が始まる。これはもう子猫の前でボールを転がすようなものだ。やらずにいられないことがいっぱい揃っている。だってわたし一歳児になるのよ、やらなくっちゃ。入れる器がある。突っつく道具がある。突っつきたい物がある。掻き回すのもいい。ぐちゃぐちゃ掴んでみるのも面白い。塗ったり撒いたりすればもっと素晴らしい(11・12・17)。食卓はお祭りのように楽しい。そしてあかちゃんのお祭りはお母さんの戦争だ。

食卓は戦争になる、それがわかっていてなぜこの時期にあかちゃんの食卓が始まるのか。栄養の問題、それだけではないと思う。あかちゃんはこの時期に道具が使えるようになる。突っついて、掻き混ぜて、引っくり返して、捨てて、そうやってあかちゃんは道具使いに熟達しなければならない。だからお母さんは食卓戦争に勝ってはならない。ぎりぎりの防衛線まで引き下がって、あかちゃんのぞんぶんな戦いぶりを頼もしく思わねばならない(18)。

食卓戦争でお母さんを悩ませる理由がもう一つある。あかちゃんの遊びには始めと終わりがない。面白いことをみつけた時が遊ぶ時で、面白いことはいつもいっぱいある(24)。だから出かけようという時に玩具を持ち出してくる(24)。あっちの足にズボンをはかせてこっちの足を入れようとしているとあっちの足を脱いでいる(15)。入れたら出すのよ、わたしできるの。そういうわけであかちゃんの遊びは食べ始めても終わっていない。あかちゃんは遊びながら食べる。お母さんはそのつもりで戦術を考えなければならない(13)。

あかちゃんの「終わり」はいつ始まるのか。育児日記の中を探せばみつかる。「移し替え(17)」と「引っくり返し(18)」だ。入れることを覚えたあかちゃんはなんでもどこにでもせっせと入れる。あっちから出してこっちに入れて、こっちに入れたのをあっちに入れる。

この育児日記のお母さんがあかちゃんだった頃のある時、碁石を見つけて遊んでいた。碁笥をひっくり返して、それから一つずつ摘んで碁笥に戻し、五、六個入れたら今度は取り出して捨てる。これを繰り返している。「移し替え」ができるが、どっちからどっちに移すか方向は決まっていないから行ったり来たりする。この時期のあかちゃんにお片付けをさせようと思ったら「はい、これをここに入れて」「はい、これも入れて」と一つずつ渡さなければならない。そうしないと、一つ入れて一つ出してくる。

そういうわけであかちゃんだったこのお母さんに、一つ碁石入れたところですぐ次を差し出してあげる。それを入れたらすぐ次を渡す。こうやるとずーっと入れ続けることになる。百個以上も入れたところで大きく溜息をついて碁笥をひっくり返した。自分で終わりにするということをまだ知らないから、集中の限界までいってしまう。

あかちゃんはある時引っくり返すことを発見する⑱。全部引っくり返せば、一つずつ入れたり出したりするのとは何かが違う。全部撒けて空になってひとまずの区切りができる。あかちゃんの「終わり」の始まりだ。この時期あかちゃんの「お片付け」は全部撒くことで終わる。お母さんが拾い集めて玩具箱に入れ終わったところで引っくり返す。だって、あれがあそこに入ったままで終わるなんて落ち着かない。全部引っくり返せば、ほーら、終わりよ。

いつあかちゃんは片づけて終わりにするようになるのか。

あかちゃんは引っくり返して空にすることを発見した。次には入れ続けていっぱいにすることを発見しなければならない。そしてこれは少し難しい。空っぽにしていっぱいに、いっぱいにして空っぽに、両方の行き止まりまで進んでまた戻ることができるようになれば、どちらでも止まることができる。そうなれば「お片付け」つまり「こちらで止まりなさい」の言葉の意味がわかる。お片付けは躾ではない。あかちゃんの手が積み重ねてきた発明の成果だ。

あかちゃんはいつ遊びを終わりにして食卓につくのか。

あかちゃんは見えている物を掴む。箱に入れて蓋をして見えなくすると他の物に向かう。見えない物はない物だ。でもいつか入れた場所から取り出せるようになる。見えなくてもある。だからいつでも好きな時に取り出すことができる。大事な物を手に持たないでバッグに入れて持ち歩くようになる。お母さんが見えなくなると泣いていたあかちゃんが、見えなくても平気になる。お母さんはあっちに行った。でもまた戻ってくる。見えないものの持続が、遊びを終わりにできるか否かの鍵だ。

遊びを終わりにして、それきり遊びがなくなってしまってはたいへんだ。終わりは消滅ではない。貯蓄だ。今玩具箱をいっぱいにして終わったけど、またあれを空っぽにできる。だから終わったけど続いている。ごはんを食べる間遊ぶことは消えてなくなるわけではない。伏せられた遊びが複線進行として続いている。そうなればあかちゃんは片づけて終わり、遊びを終わりにして食卓につく。そしてそれはもうあかちゃんではない。

「折り紙積み木も片づけて、先生さよなら、また明日」幼稚園の「お帰りの歌」だ。片づけて終わった。一日見なかったママはお家で待っている。折り紙積み木はまた明日遊べる。見えなくても忘れていても心で続いている。だから幼稚園児は行って帰ってくることができる。

そういうわけであかちゃんの進む道はまだまだ続く。

(1)手と目に関する考察・8頁　(2)おもちゃ改造計画(一)・14頁　(3)おもちゃ改造計画(二)・15頁　(4)独り言(二)〜野望編〜・9 16頁　(5)つかむこと、その後・19頁　(6)四ヶ月健診における社会性の芽生え・21頁　(7)お座りができると世界が変わる・32頁　(8)目線の高い方が勝つ・35頁　(9)ふがし・37頁　(10)花と顔・38頁　(11)食事の風景(一)・42頁　(12)食事の風景(二)・44頁　(13)食事の風景(四)〜オマケ編〜・46頁　(14)子どもどうしのこと(二)・59頁　(15)自分で着てみよう・64頁　(16)何が起こるかな・69頁　(17)物の移し替え・85頁　(18)ひっくり返し行動・86頁　(19)初めての粘土・91頁　(20)初めてのクレヨン・93頁　(21)積み木の階段・96頁　(22)消えるクレヨンの謎・100頁　(23)お母さんに怒られないために・103頁　(24)子どもはいつも遊んでる・111頁

★5　お座りの世界 〜座れないお座り〜

自分でお座りができるようになるずっと前から、あかちゃんは上体を起こした姿勢がどんなに楽しいかを知っている。首が据われば、お母さんはあかちゃんを「横抱き」しないで「縦抱き」する。お母さんは片手が自由になって楽だが、あかちゃんとってはそんな些細な問題ではない。両手が自由に使える。世界がぐるりと見渡せる。世界を見渡して目につくすべてを掴もうという野望の進むべき道が開けている。

だからあかちゃんを寝かせておけば「起こせ」と言ってぐずる(2)。首が据わってから自分でお座りができるようになるまでの間、あかちゃんは「起こせ、起こせ」と言い続ける。だから「起こしてやらねばなるまい」というおとなの思案は昔からある。「ひいおじいちゃんの籐椅子(1)」はとても

理に適っていると思う。ひいおじいちゃんがいつこの椅子を発明したのか知りたいものである。乳児心理学が上体を起こすということを思いついて、新生児の能力評価を改め始めたのはここ半世紀ほどのことにすぎない。

「おすわりいす(3)」は心理学の実験装置の家庭版というところで、このあかちゃんはもう月齢五ヶ月で心理学の本来の実験期間を過ぎているが、この椅子がお気に召したようだ。あかちゃんの受けがいい割りに「おすわりいす」が広まらないのは、使用期間が短すぎるせいかと思う。厳密に言えば、これは身体の寸法に合っていなければならないが、六ヶ月ばかりの間に作りかえていてはたいへんだ。あれこれ言っている内にあかちゃんは自分でお座りするか、這って行ってしまう。ひいおじいちゃんの籐椅子のようなその都度の工夫が家庭向きかもしれない。保育はどんな方法についても厳密でない方がいいと思うが、家庭はともかく、乳児保育の施設などは検討してみて然るべきだと思う。「食事椅子」についても同じことが言える。あかちゃん用がいいか、親と一緒がいいか、あれこれ思っている内にあかちゃんがつかまり立ちしてしまった(4)。わたしの食べ方はわたしが決めるわ、あかちゃんの行動力が家具問題にけりをつける。

(1) はじめてのお座り・10頁　(2) お座りができると世界が変わる・32頁　(3) おすわりいすのこと・54頁　(4) 理想の食事椅子とは・55頁

★6 移動運動 〜広い世界に向かって〜

最近は這い這いをしないあかちゃんがいる、五〇年ほど前、そういう話が出た。アパートなどの狭い部屋で育つせいかというのである。そうではあるまい、狭い方が這い易いと考える理由もある。いろいろあってどれでも良い、そう考えていいのではないかと思ってきたがそれでいいらしい。それにしてもあかちゃん達は、それぞれ実にいろんなことをしているものだ(1・2・5・10)。

多様なものを複雑に組み立てて一つにまとめる、人の身体運動はそういうものだから、一人一人が違うことをしていて最後にみな同じように歩くのだと思う。

馬や鹿のような有蹄類は生まれて間もなく歩き出すようだが、あんなに単純にできるようでは複雑なことはできない。人間の舞踊やスポーツを考えれば、サーカスの馬のできることは知れている。人の身体運動は多様な能力を含み持つ。だからそれを実行してみずにはいられない、あかちゃんもおとなも同じだ、そう思えばブロードウエイやオリンピックを目指す人の気持ちがわからないではない。

ともかく這い這いは生後何ヶ月、掴まり立ちは生後何ヶ月といった標準的データは、あかちゃんを育てるお母さんの役には立ちそうもない。「抱っこしてのポーズ(4)」についてのデータなどというものはどこにもないが、あかちゃんにとってこれほど便利な移動方法はない。あかちゃんは人と暮らす。お母さんはあかちゃんの一部だ。あかちゃんは使えるすべてを十分に使いこなさなければならない。「抱っこしてのポーズ」はあかちゃんの「移動装置運転技術」だ。こういう技を身につけて常時使っているあかちゃんが(6)這い這いの努力を後回しにしても不思議はないと思う(7)。

お母さんが知っておくべきことは標準的データではない。今あかちゃんがどんな研究に取り組んでいるか、研究は進みつつあるか、ということだ。あかちゃんだって言うに違いない。生後何ヶ月で這い這いするかですって、わたしの知ったことじゃないわ、わたしはわたしの研究で忙しいのよ。研究は進む。あれこれ掴みたくてお座りをする、寝返りは後回し、お座りするとやることがいっぱいあるの(3)。お座りしてたら腹這いになれたけど、この後がわからない(4)。でもいろいろできると楽しいし、便利なこともある(8)。そしてとうとう発見した。こうやれば前へ進む。私ママのところへ行けるのよ(9)。お友達が来ないのなら、おもちゃがあっちにあるのなら、私がそこへ這って行くの(11)。という具合に、身体運動は標準や月齢の問題ではない。それぞれのあかちゃんの工夫と発明の歴史だ。

這えば立て、立てば歩めという親心を知らなくても、這い這いができて立っちができればあかちゃんはいつか歩く(12)。

初めて歩いた時、風船を持っていたのは偶然ではない(13)。あかちゃんはやっとバランスを取って「立っち」した。一歩踏み出そうとすればそのバランスが壊れる。バランスは足だけの問題ではない。全身がかかわる。踏み出した足の対極にアンカーを置く。それが手に持った風船である。例えば、狭い台の上でバランスを取るのが難しい時、指先がちょっと壁に触れるだけで楽になる。足許が怪しくなってきた私のような老人にはそれが良くわかる。這い這いの時のボールも同じだ。小さいボールを握り込んで、手をグーにしてそれが身体全体の座標を作り出すのだと思う。小さいボールや風船はあかちゃんの一生懸命の証だ。

とうとうあかちゃんは歩き始めた。そして今度もまたうまい方法を発明した。「歩行補助具：お母さん(14)」を使えばいい。こうやれば私どんどん歩けるのよ、いいでしょう、パパもがんばってね。腰の痛いのなんてたいしたことないのよ。

歩けば世界は広がる。いつかあかちゃんが見る海を、お母さんはもう見ている(15)。

(1)よその子観察日記・18頁 (2)寝返りに関する考察・31頁 (3)お座りができると世界が変わる・32頁 (4)お座りからの展開・33頁 (5)目線の高い方が勝つ・35頁 (6)父親との再会・39頁 (7)抱っこしてのポーズ・40頁 (8)ハイハイまであと一歩・41頁 (9)そして探検が始まる・48頁 (10)そういえばどうやって立つのだろう・63頁 (11)目標への移動・79頁 (12)初めての歩行・80頁 (13)初めての歩行に関する考察・82頁 (14)歩こう、歩こう・89頁 (15)楽しい水遊び・94頁

★7　微笑みと笑い声　～笑う喜び～

掴むこと、座ること、微笑むことは、あかちゃんの三大テーマだ。あかちゃんとお母さんは目と目を合わせて微笑み合う。最初はどちらが先に微笑んだのか、どちらがそれに応えたのか、それは言い難いことではある。しかしある事情で、あかちゃんに微笑みかけてあかちゃんの微笑みを誘い出すよう、お母さんにアドバイスしなければならないことがある。すると通常はあかちゃんがお母さんの微笑みを誘いだしているということになる。あかちゃんの微笑みがお母さんを支配する。

微笑み返しはあかちゃんの会話のニューバージョンだ。目は口ほどにものを言うのだから、目と目の会話は、声にも増して大きくて丈夫な言葉と社会生活の台車であろうことは想像に難くない（★3）。

あかちゃんは微笑み、そして声を立てて笑う。そうではあるが、笑い声を出すためのあかちゃんの努力（1）ということにはなかなか考えが及ばない。そういえば、あかちゃんが口唇を微妙に動かしていて、しばらく後で、あっ、あれは微笑もうとしていたのだ、と思い至った経験がある。

微笑みたくて微笑みを模索し、笑い声を出したくて笑い声を模索する、あかちゃんにはそういう努力の経過がある。そうであれば、笑い声は泣き声から派生するということになりそうだ。何もないものが突然生まれるわけはない。何かは何かから生まれる。今あかちゃんが出せる声は泣き声だけだ。すると笑い声は泣き声から派生する。決して奇異なことではない。涙と笑いは一続きのものとして人の生を織りなす、物語というもののテーマはたいていそれだ。

掴むこと（★4）、座ること、這うこと、歩くこと（★6）、一つできる毎にあかちゃんは嬉しい。繰り返して飽きない。そうだとすれば、笑うことができてあかちゃんは嬉しいに違いない。あかちゃんはよく笑う。何かにつけてよく笑う。笑うことができる、それがとても嬉しいのだと思う。笑うことであかちゃんはお母さんを支配し（2）、笑うことで幸せをそこら中に撒き散らす（3・4）。

（1）はじめての笑い声・12頁　（2）笑うこと、笑わせること・17頁　（3）なしてこったらめんこいの・34頁　（4）場所見知りのこと・60頁

★8　人見知り〜あなたは誰なのよ〜

玩具を見つけたらあかちゃんは掴んで舐めて、「これは、これなのね」と「これ」を知る(★4)。あかちゃんがあかちゃんに出会ったらどうするか。やっぱり掴んで舐めてみる(1)。掴まなくなったらペチペチ叩く(3・6・★4)。人は誰でも、あかちゃんも、自分が一番安心できる方法で人に応対する。お母さんとはどうするか、それはもう決まったことがいっぱいある。「アーアー」と会話したあの時から(★3)、あかちゃんとお母さんはいつも一緒にいて相互の応対法を積み重ねてきた。同じようにお父さんや家族の人ともいろいろ決まっている(4)。

では、知らない人と出会った時にはどうするか。困る。どうしていいかわからない。だからとりあえず泣く。泣くのはあかちゃんの万能応対法だ。泣いてみて、様子を見て、それから次を考えるしかない。あかちゃんの人見知りとはそういうことだ。

だからよそのあかちゃんをあやそうとして泣かれて、あらあら人見知りね、と引っ込んで、おとなはそれまでのことだが、あかちゃんの本意はそうではない。あかちゃんはその人を見てその人を知りたいと思っている。

知らない人を見てエーンと泣いて顔を伏せたあかちゃんは、まずたいてい顔を上げてまたその人を見る。そしてエーンと泣く。これを繰り返す。見なければいいのに、とおとなは思い、可愛いと言って笑うが、それは違う。あなたは誰よ、私に何をしてくれるのよ、ちゃんとわかるようにご挨拶してよ、あかちゃんはそう言っているのだ。

顔を見てエーンと泣くあかちゃんをよく見ると、エーンと泣く前に身体が少し前に出ている。抱っこはしないの?と聞いているのだ。それで抱く。抱かれてちょっと黙ってまたエーンと泣く。抱いたのが悪いのではない。抱いて何もしないのが悪いのだ。抱っこして何をしてくれるのよ、あかちゃんはそう言っている。わかった、とりあえず室内を巡って、なんでもいい、本棚などあれこれ見る。あなたは抱っこしてあちこち巡ってくれる人なのね、というところで収まった(2)。

新しい人は新しいことをしてくれる。そういう役割になれば、後は抱っこして連れ出すことも、新しい玩具で遊ばせることもできる。

場所見知りも(7)、つまるところは人見知りだ。新しい場所でママにくっついていようと思ったらママでなかった。あかちゃんが考えているその人その人の役割というものがある。お母さんと新しい人では役割が違う。おばあちゃんがどんなにあやしても、ちがうの、ママなの、ママはどこに行ったのよ、という言い分で、言い分が通らないから、いっそう激しく泣く、そういうことだと思う。新しい人がお母さんに取って代わるのは難しい。いきなりお母さんと同じことをするとたいてい泣かれる。

微笑みはあかちゃんの万能応対法改訂版だ。あかちゃんは笑顔を振り撒いて笑顔をもらう(7)。誰にでも同じに笑顔で応対していれば人見知りは起きない。

あかちゃんの人見知りは、あかちゃんが相手の役割というものを考え始めたから起きることだ。だからあかちゃんと仲良くなろうという新人は、自分の役割というものを披露しなければならないが、これが難しい。ほっぺを突っついて、ニコニコ話しかければいいという時期はもう過ぎた。わたしそんなにあかちゃんじゃないの。「抱っこして本棚を見に行く係」などという特殊な役割を得るとその地位は堅いが、そういうのはそれなりのいきさつがないと思いつくものではない。

この難しさはいつまでも続くのか。おとなもたいへんだが、一番たいへんなのはあかちゃん自身だ。そこであかちゃんは「物の受け渡し」という解決法を発明する。あかちゃんは人に物を渡す(8・9)。あなたの役割は私が決めてあげるの、あなたは受け取る人よ、なんでもいいの、これを受け取ってね、受け取ったら返してね、またあげるから。こうすればもう、あなたは誰よ、と言って泣かなくてもいい。同じお作法を心得たあかちゃん同士なら、アルミ箔をもらって葉っぱをあげればご挨拶はすむ(10)。ペチペチ叩き合わなくてもいい。万能応対法上級編だ。

あかちゃんはこの大発明をいったいどこから持ち出してきたのか。

物の受け渡しは鳥や猿からある。異文化に出会って言葉が通じなければまず贈り物をする。生態学者や文化人類学者はそういう話をするかも知れないが、それはそれとして、このあかちゃんの受け渡しはこのあかちゃんが発明しなければならない。

なんでも掴んでいたあかちゃんが掴まないで叩く。同じ物でも、掴めば「これ」、叩けば「それ」だ。「それ」を「そこ」に置いたまま、叩くことで自分との繋がりを作る。あかちゃんの空間支配とはそういうことだ。さらに、あかちゃんは物で物を叩く。手の届かない床に紐を垂らしてみる(5)。自分で触れなくても、道具を使えば自分と物が繋がる。これは人にも使えるわ、というのがあかちゃんの発明だ。もう抱っこなんかされなくてもいいの、あなたはそこにいればいいの、私がこれを渡すから受け取るの、そうやってみんな私と仲良くするの。そういうわけであかちゃんは、物を渡しておとな達を片っ端から手なずける。最初に手なずけられるのは、まずたいていの場合、おじいちゃんとおばあちゃんだ(8)。

物の受け渡しは新しい会話だ。会話は言葉や社会生活を載せる台車だ。あかちゃんはそろそろそのテーマにとりかかる。

(1) 四ヶ月健診における社会性の芽生え・21頁　(2) 人見知りのこと・29頁　(3) 目線の高い方が勝つ・35頁　(4) 父親との再会・39頁　(5) 食事の風景(二)～物を落とす～・44頁　(6) 子どもどうしのこと(二)・59頁　(7) 場所見知りのこと・60頁　(8) 言葉の発達(七)～「あい」および「はあい」～・83頁　(9) 言葉の発達(七)の補足・84頁　(10) 一歳児のあいさつ・103頁

★9　役割　～私とあなた～

這い這いできなくても「抱っこしてのポーズ」をすれば私が移動できる(1)。お母さんをつれて歩けば、私がどんどん歩ける(8)。あかちゃんにとってお母さんはいつも拡張した自分の一部だ。

あかちゃんのすることが増えてくると、お母さんの役割も増えてくる。わたしは歌えないけどママが歌うの、ちゃんと手拍子も入れてね(7)。絵本はパパかママが読むの、指を貸してね、ここを指すの、そしたらそれを言うの、そうよ、それでいいの、わたし言葉がわかるの、ほんとはいっぱい知ってるの、言わないけど、パパとママが言うのよ(7・8)。絵本はここを読むの、そこはもういいの、また初めから読むの（5・6・14）。リモコンはママが押してね、そうすればわたしの見たいのが出てくるから、ママの指は魔法の指でしょ（10）。トトロは怖いけどトトロは見たい。だからママそこにいるのよ、わたしがしがみつくから（11）。

自分ができなくても人を使えばできる。だんだんに知恵が巡って都合のいいことも思いつく。これ熱いからパパの手を入れましょう（7）。これほんとうに美味しいかしら、パパに食べさせてみるわ（6）。

この時期あかちゃんは人使いが荒い。その一方で自分の役割を譲らない。袖はわたしが通すの、ママはしないの（4）。スプーンはわたしが持つの（2）。絵本はわたしがめくるの（5・6）。行く先はわたしが決めるの（9）。

可愛いから許されるけれど、あかちゃんは暴君だ。暴君はいつまで君臨し続けるのか。「役割」を発明したあかちゃんは次には「役割の交代」を発明する。そこから暴君の終焉が始まる。その手始めが「ティッシュペーパーでイスを拭くこと（3）」で、これはお母さんを感激させた。お母さんの手はいつも魔法の手というわけではない。良く見れば私のできることもしている。こうやるのね、ほら、私もできたでしょ。

もともとあかちゃんとお母さんはいつもできごとの共有者だった（★3）。あかちゃんの経験をお母さんが共有したように、お母さんのすることをあかちゃんが共有して不思議はない。お母さんはこれならいろいろ芸を仕込むことができそうだ、と呑気なことを言っているが（4）、用心した方がいい。この先はお母さんのすることをいつあかちゃんがばらしてしまうかわからない。

あかちゃんがイスを拭いたとして、それはまだお母さんの仕事の協力者だ。協力者の次が役割の交代で、その手始めはスプーンだ。ママがスプーンでわたしに食べさせる、そうならわたしがママに食べさせることもできるわ(3)。役割交代ができると、便利なことも増える。これは危ないの、だからわたしが持つの、パパはこっちの玩具にしなさいね(12)。ママは怒らなくていいの、わたしが自分で怒っておくから、めっ！(12)。

あかちゃんの都合ばかり良すぎてお母さんは治まらないかも知れないが、役割交代ができるということは相手の振る舞い方がわかるということだ。だから、お母さんに叱られないために調節したり納得することもできる(13)。

誰かが私にすることは私が誰かにすることだ。私が誰かにすることは誰かが私にすることだ。もし人が皆そう思っているのなら、世の中から争いはなくなる。私はこうする、あなたはこうする、役割が決まっているから暴君が生まれる。役割の交代を発明して、小さな暴君の社会生活というものの展望が開ける。そしてこの頃、そろそろ言葉も出てくる。いよいよあかちゃんはあかちゃんを卒業して一歳児になる。

(1) お坐りからの展開・33頁　(2) 食事の風景（一）・42頁　(3) 食事の風景（三）・45頁　(4) 自分で着てみよう・64頁　(5) 絵本をめくる（一）・66頁　(6) 絵本をめくる（二）・68頁　(7) 親の使い方・70頁　(8) 言葉の発達（三）～幻の「めんめ」と「あお」～・77頁　(9) 歩こう、歩こう・89頁　(10) テレビの是非・94頁　(11) トトロは怖くて、トトロは楽しい・95頁　(12)カワイイもの自慢・98頁　(13)お母さんに怒られないために・103頁　(14)絵本の読み方・110頁

★10　ごっこの世界〜役割交代と言葉〜

役割交代の大発明は起きたが、一歳児の周辺はまだ社会と言うほどのものではない。幼稚園だってまだまだ先のことだ。発明された役割交代はもっぱらお母さんを交えたごっこ遊びの中で実行される。

ママが私に食べさせて、私がママに食べさせて、パパにも誰かにも食べさせて、だからお人形にも食べさせる(3)。ママが隠れていないいないばあ、だから私が隠れていないいないばあ、そうならお人形がいないいないばあ(1)。天才か、お母さんがそう思うほどの役割交代の大転換が起きて、ごっこ遊びが始まる。

そしてそこに言葉が加わる。何もなくても言葉はいつでもどこででも「これ」を作り出すことができる。ぬいぐるみの「わんわ」がトントン走る。積み木もビスケットも言葉で「わんわ」になってトントン走る。何も持たなくても言葉の「わんわ」がトントン走る(2)。

お母さんがお人形に積み木の階段を登らせた。だから、わたしもそうするの。お母さんがお人形に食卓を囲ませた。だからわたしもいっしょに座るの(4)。役割交代は双方向だから、お人形から私へ役割の逆輸入が起きて、私は心でごっこの世界の人になる。トトロに本を読んであげて、心の世界にお友達ができる(6)。ごっこ遊びはあかちゃんの心の育ちの証だ。

トトロに助けを求めて、ママに叱られた心を立て直して、だからもう泣いたり怒ったりしないで、叱られてもママとまた仲良くできる(5)。自分の心を自分の心で整えることができるようになれば、もうあかちゃんではない。そうよ、間もなく私は二才になるの。

絵本やビデオのものがたりは、心でそれを体験することによって理解される。絵本とごっこ遊びと、どちらがどちらを育てたか、どちらであったとしても、言葉と心の世界を育てて絵本を楽しむようになった私は、ごっこ遊びのシナリオ作家になり(7・8)、ついには日常を演出する(9)。

(1)言葉の発達(四)〜「ば」と「ば」〜・78頁　(2)具体的な「わんわ」と抽象的な「わんわ」・87頁　(3)ごっこ遊びの始まり・88頁　(4)積み木の階段・96頁　(5)トトロに助けを求める・112頁　(6)トトロに絵本を読んであげる・112頁　(7)頭の中のシナリオ・114頁　(8)頭の中のシナリオ(二)〜ビデオより〜・115頁　(9)頭の中のシナリオ(三)・115頁

★11　言葉(一)〜バブバブの意味〜

あかちゃんが「アーアー」と話しかけてくれれば、お母さんは「アーアー」と応える(1)。あかちゃんとの会話を続けたければ、あかちゃんと同じ言葉で話さなければならない。あかちゃんが「あー」と言えば「あー」、「うー」と言えば「うー」(3)、あかちゃんが大声を出せば大声で応える(2)。

あかちゃんはだんだんいろんな音を使うようになって、お母さんも真似できなくなる。なんだかとても複雑なお話しをしているようだが、何のお話しかは誰にもわからない。あかちゃん同士なら通じるかしらと思ったり(3)、あかちゃんは小鳥や木鼠とお話しできるのだという童話が生まれたりする。

人は誰でも人種を超えて自分の生まれ育った国の言葉を母国語として話せるようになる。これは世界中のすべてのあかちゃんが、まず人の音声のすべての音を出せるようになって、その中から母国語に必要な音を取り出して言葉を話すようになるからだ、とされている。

そういうわけであかちゃんは、言葉を話し始める前に、「アーアー」というお母さんへの話しかけとは別に、発声練習をしなければならない。あかちゃんは、あばば、ばぶぶ、と機嫌良く囀る(4)。このあかちゃんの発声練習が心理学の言う喃語(バブリング)だが、お母さん達はたいてい発声練習とお話しを区別しない。あかちゃんが練習中の喃語でお話ししたり、お話しの中で発声練習をしたりして(3)、二つがはっきり分かれてはいないからではないかと思う。

喃語でいろんな音の引き出しが用意されて、必要な時に必要な音を引き出しから取り出すことで言葉になる、とされているから、喃語がだんだん言葉に近づいてくるというわけではない。喃語期の後にしばらくの沈黙の期間があってそれから言葉が出てくる、という資料もあるらしい。

しかし、あかちゃんが最初のころに発語しそうな単語には、どの国の言葉でも、あかちゃんの出しやすい音が充てられるということはありそうなことだ。だからあかちゃんが「マンマ」と言って、お母さんが、はてな、これは言葉かしら、と迷うということもあるのだと思う(5)。

発声は複雑な運動の微妙な調整だ。複雑なものが画一的に進展するわけはない。移動運動がそうであったように(★6)、あかちゃんそれぞれがその時々に、発声練習とお話しを工夫し発明し、そして言葉を話すようになるのだと思う。

言葉を話すのに必要な音の種類を揃えるだけがあかちゃんの発声練習ではない。音を区切ったり長く引っ張ったり(4)、抑揚や音程をつけたり(6)、ついでの副産物で唾風船を発明したり(6)、あかちゃんが研究すべきことはたくさんある。あかちゃんは発声練習をいろいろやっているうちに思いがけず「あーっ」と大きな声がでて自分でびっくりしたりする。大声も研究課題だから、キャーッと叫べるあかちゃんは、嬉しくて叫ぶ(3・4)。

見ること(★1)、掴むこと(★4)、移動すること(★6)などと同じに日々進展する発声練習は楽しいに違いない。発声練習の楽しさは言葉が出てからも続く。語彙が急に増え始めた時期に喃語の活発さが目立つ(7)。なるほど、そうかも知れない。お話しすることと声を出すことは同じようにあかちゃんには楽しい。

お母さんはあかちゃんのお喋りを全部録音して解析したら何かわかるかしらと思ったりするが、たぶん特別な意味はないと思う。だから翻訳はとても複雑になる。わたしもっとたくさんしゃべりたいの、言葉が増えるのがまどろっこしいの、言葉は決まった音を出さなければならないから窮屈なの、だから自由に喋るの、自由に喋ればわたしたくさんの音がだせるのよ、ということだと思う。そしてたくさんの言葉を自由に喋るには、まだまだ発声練習を必要とするのだと思う。

そういうわけで、あかちゃんのお喋りを録音して解析してわかるのは、日本人がやがて失うr音やf音やth音がまだある、th音はあるがs音はまだない、というようなことだと思う。

喃語の自由度を閉じて特定の音を使う、そうすることであかちゃんの言葉の世界が開けるのだが、それでも自由であることは楽しい。難しいことは窮屈だから、それはちょっと忘れて自由なところで楽しむ。そういうことはあかちゃんでもおとなでもいろいろある。

二語文（★15）を話し始めてもやっぱり喃語は楽しくて便利だ。今度は二語文の文法に則って喃語でお話しをする。これならおとなみたいにいつまででもずーっとしゃべっていられる。「ばーちゃん×○△□……」（ばーちゃん、あのね、あれこれあれこれ、わかるでしょ。）(8)

あかちゃんはいっぱいお話ししたい。お話しは人類究極の万能応対法だ。お話しができれば、もう物の受け渡しはいらない（★8）。お話ししたいこともいっぱいある。でも覚え始めたばかりの言葉はあかちゃんの思いに追いつかない。それであかちゃん達はいろいろ苦労する。だからややこしいところは全部喃語でカバーしまうというのは楽しい大発明だと思う。

(1) オムツレポート・7頁　(2) 声を出して笑おう・13頁　(3) 赤ちゃんの「お話」は言語か？・22頁　(4) 発声練習の謎・29頁　(5) はじめての言葉・62頁　(6) 最初の歌声・65頁　(7) 空耳？・90頁　(8) 言葉の発達～二語文のこと～・106頁

★12　言葉（二）～マンマの効用～

「マンマ」と言えば欲しい物が出てくる(2)。これは便利だ。「雨よ降れ」と言えば雨が降るかも知れない。というわけで、こういう言葉の働き方をお呪い（オマジナイ）的であると言う。これに対して「ワンワ」を見て「ワンワ」と言うのは(3)道具的である、と言う。

お菓子の袋を差し出して「マンマ」と言う(2)のは「あけてー」だからお呪い的で、リンゴを見て「マンマー！」と叫んだり(1)、ミルクをもらって「マンマ」と言って泣きやむ(2)のは道具的である。抱っこしてもらいたいときの「だっこ」はお呪い的で、人形を抱っこするときの「だっこ」は道具的(5)である。

お呪いの言葉は便利だ、玩具を指して「マンマ」と言えば取ってもらえる。絵本を持ってきて「マンマ」と言えば読んでもらえる(4)。さしあたり言葉は一つあれば十分だ(2)。使い方を工夫してどんどん広げれば良い。他の言葉は特に必要ない。お母さんだってそう納得する。

(1)はじめての言葉・62頁　(2)言葉の発達(一)・75頁　(3)言葉の発達(二)～「わんわ」～・76頁　(4)言葉の発達(六)～「まんま」の発展～・82頁　(5)一般名詞としてのタコ・101頁

★13　言葉(三)～ワンワの効用～

泣き止まないあかちゃんにお母さんは手を焼く。でもある時期から自分で泣きやむことができるようになった。これはたくさん話すようになってからのことだ、泣き止む技術は言葉の発達と関係している、お母さんはそう思う(6)。

「泣かないで」というお母さんのお呪いの言葉で泣きやむという話ではない。あかちゃんが自分で泣きやむ。どうして自分で泣きやむことができるようになったのか、それが言葉とどう関係しているのか、ちょっと繋がりが見えないが、あかちゃんの言葉を初めからもう一度辿り直してみればいい。

「わんわ」を見て「わんわ」と言った。この言葉には実用性がない、この言葉の発語の動機は感動だとお母さんは思う(2)。それは確かにそうだとして、ともかく、「わんわ」に「わんわ」という言葉を与えて、「わんわ」という言葉があかちゃんに残った。だから次にまた「わんわ」を見たときに「わんわ」と言うことができる。「わんわ」が好きだから「わんわ」という言葉を覚えたか、「わんわ」と言えるから「わんわ」が好きなのか(5)、二つは、どちらとも言えるという関係にある。

感動が言葉を作り出す。そして言葉は感動を作り出す。それだけではない。「わんわ」がいなくても、あかちゃんは「わんわ」という言葉でいつでも「わんわ」を作り出すことができる。積み木もビスケットも言葉で「わんわ」になり、何もなくても言葉で「わんわ」を走らせることができる(3)。

お腹が空くとあかちゃんは泣く。ミルクをあげると泣きやむ。あかちゃんが「マンマ」と言うようになって、ミルクをあげたら「マンマ」と言って泣きやんだ(1)。この言葉の効用は何か。「ミルク」をちょうだい」というお呪いの言葉ではない。あかちゃんは「もう泣かなくてもいいミルク」に「マンマ」という言葉を与えた。言葉は残る。お腹が空いた時、ミルクはなくても言葉がある。あかちゃんは「泣かないミルク」の「マンマ」を考えることができる。だから泣かないでお呪いの「マンマ」をお母さんに言うことができる。

感動の「わんわ」も、「泣かないミルク」の「マンマ」も、あかちゃんが時と場所を越えて、必要なものを心で作り出すための道具だ。

泣き出して止まらないあかちゃんが泣きやむためには、自分で「泣かない時」を考えねばならない。もう泣いているのはいやなの、でも止まらないの、でもわたし泣いていないときもあるわ、泣かないですることはいっぱいあるの、そうそうあれもそうよ、あらわたし泣いていないわ。そんなところだと思う。たくさん泣いて、泣くのがいやになって、「泣かないあれ」を思いつくまでけっこう時間がかかるのかもしれないが、「泣かないあれ」を思いつくために、道具としての言葉が働く。

言葉には自分自身の考えや気持ちを整える道具としての働きがある。それは人に何かを伝える働きにも優る言葉の効用だ。

あかちゃんは「捨てる物」に「かわ」という名前を与えた。「ぶどうの皮」は「かわ」、これは捨てるの。でも壊れた玩具には未練が残ってまた拾ってきた。優しいお父さんはいじらしくなって、直してあげる、といったが、あかちゃんが自分で「かわ」と言って捨ててしまった(4)。

お父さんに気をつかった、そうではあろうが、あかちゃんは「かわ」という言葉で、捨てる物をそうでない物から区別して未練を断ち切った。あかちゃんは言葉で意志という心の強さを育てたのだと思う。

(1) 言葉の発達（一）～「まんま」のその後～・75頁　(2) 言葉の発達（二）～「わんわ」～・76頁　(3) 具体的な「わんわ」と抽象的な「わんわ」・87頁　(4) ゴミの認識・99頁　(5) 犬猫のこと・107頁　(6) 泣きやむ

方法・113頁

★14　言葉（四）〜マンマとワンワの意味〜

りんごもばななもミルクもクッキーもうどんも「マンマ」と言うのだから(1・2)、全部括って「マンマ」の意味は「食べ物」だ、と思うでしょうが、そう簡単ではない。あかちゃんが絵本も玩具も「マンマ」にしてしまった。意味はそれぞれ「読んで」「取って」だ。クッキーが袋に入っていれば「開けて」、うどんが生なら「ゆでて」、他にも「抱っこして」、「眠いからなんとかして」、全部「マンマ」だ(5)。括れば「やって」という訳語を充てることができるが、あかちゃんと毎日一緒に暮らしているお母さんは一括して訳せばいいというものではない。その都度のあかちゃんの言葉の意味を考えなければならない。

あかちゃんは言葉を見つけて自分で使い、使うことで言葉の意味を発明する。すりおろしリンゴは美味しかった。そうよ、これがマンマよ(1)。感動による最初の発語は道具的だった(★13)。そしてすぐにお呪い的にも使われ、言葉は一つあれば十分だというほどに「マンマ」の意味は広がった(★12)。「マンマ」の一語であかちゃんの言葉は大発展だが、お母さんは聞き分けがたいへんになる(5)。

犬を見て「ワンワ」と言ったあかちゃんが、次に別の犬に出会ったとき、あるいは猫や猿や象に出会ったときどうするか(3)。既にある言葉を汎用するか、新しい言葉で区別するか、言葉の戦略は二つあって、あかちゃんだけではない、人は様々にこれを選びわける。

私なら「ひらめ」という言葉を知っていれば「かれい」という言葉はいらないと思うが、これを区別する人がいる。ドリトル先生（ロフティング著・ドリトル先生アフリカ行き）が「わに」を家の中に住まわせて、妹のサラが怒る。「あのアリゲーターを追い出してください」「サラ、あれはアリゲーターではない、クロコダイルだよ」「どっちでも同じです」。私にはサラの方が正しいとしか思えない。日本人なら皆そうだ。ファーブルは虫の名前を細かくいっぱい知っている人だが、ファーブルのお祖母さんに言わせれば全部「むし」だそうである。

あかちゃんは今「ワンワ」が言えたのだ。わたしワンワが言えるのよ、これもこれもみんなワンワよ、ワンワがいっぱいいで楽しいの。そういうわけで当分「ワンワ」の意味は広い。同じ理屈で、「いか」なんかはもちろん「タコ」だ(9)。

実物と同じように写真も絵も「ワンワ」になった(3)。「ワンワ」という言葉で心の中のわんわを作ることができるあかちゃんにとって(6)、絵に描いたわんわは当然「ワンワ」だ。

しかし、なぜ絵に描いた犬が犬、タコがタコだとわかるのか。それはあかちゃんではなく、人についての疑問だ。人はなぜ絵に描いた犬やタコがわかるのか。人の目は絵という言葉の世界を作ることができる(★16)。だから人の目は犬の絵を犬、タコの絵をタコとして見る。実物のタコから漫画のタコまで、似ても似つかぬすべてのタコをタコとして見る。

あかちゃんの目は、オムツやカレンダーを見詰めたあの日から、お月様を見るほどになるまで、人の目が辿るべき道を歩んできた(★2)。お母さんと絵本をたくさん見て練習も積んできた。だからあかちゃんは人が見るように絵を見ることができる。そういうわけで絵の世界の「ワンワ」が加わって、「ワンワ」の意味はますます広い。

広がったものは分かれることもできる。象さんが出てくる毎に指と指をつないでお母さんと象さんごっこをする(6)。だからいつか「ゾウサン」は「ワンワ」から分かれる。犬を追いかけ、猫に近づき、「わんわん」「にゃーん」と呼びかけているから猫は犬から分かれる(12)。「いか」だっていつか「タコ」から分かれて「イカ」になる。

あかちゃんは辞書や単語帳で言葉を覚えるのではない。お母さんの言葉を真似してみても、それだけで言葉が増えるとは限らない。言葉とその使い方を自分で見つけて、あかちゃん自身が納得しなければならない。わかったわ、「カワ」は捨てるのよ(8)。納得すれば使い道は広がる。

お母さんの手を取って指さしさせて、あれもこれも何度も言わせるが自分では言わない。あるいはお母さんの真似をして言ったけど、使わないで消えてしまう(4)。あかちゃんは言葉の使い方について一つずつ丹念に研究中だから、いっぺんにたくさんというわけにはいかないのだと思う。「いか」は「イカ」で「タコ」ではない、そう教えてあげる日が楽しみだが、今はまだその時ではない。あかちゃんの言葉の研究を毎日見ているお母さんには自然にそれがわかる(10)。

ビー玉を大きいのと小さいのに分けている子どもがいた。小さいのを掴んで「おおきい」と言うから間違えたかと思ったが、ちゃんと小さい方に分ける。大きいのも小さいのも「おおきい」と言ってちゃんとわける。この子どもの「おおきい」は、ぼく大きさの違いで考える、という意味だ。この子どもの「おおきい」を「ちいさい」と正せば、ひらめとかれいの伝になる。ちゃんと「おおきい」でわけたでしょ、言葉は一つでいいの、どうしていろいろ言うのよ、というわけだ。

おおきい、ちいさい、あかい、おあい、形容詞は物の名前ではなく、物の属性についての言葉だ。赤い物はたくさんあるが、どれも「あか」という物ではない。リンゴだったりボールだったりする。大きい物も小さい物あるが、「おおきい」という物はない。大きさという物もないし、色という物もない。ある座標軸が大きさという言葉を持ち、その両極を表す語として「おおきい－ちいさい」がある。色という名の座標面に配置される様々な色がそれぞれの名前を持つ。難しそうな話だが、あかちゃんはいつかこの関門を突破する。そのためにあかちゃんはあれやこれやと研究を重ねる。

「あお」はボールかと思ったが、どうもママと話が噛み合わない(4)。クレヨンができた。これが「きいろ」だわ、これもこれも「きいろ」、「きいろ」がいっぱいあるわ。でもいまいちぴったり来ない。遊具がいろんな色に塗り分けられていて目につく。これだわ、こういうのを「あお」とか「きいろ」とか言うのよ(7)。あかちゃんはママの言う言葉の意味を探すのに一生懸命だ。頑張れ、「みどりゆきだるま」と「ぴんくゆきだるま」を言い分けるまで(13)あと一息だ。

形容詞の理解はなかなかたいへんだが、わかれば新しい言葉の世界が開ける。一つの物が「ゆきだるま」と「ぴんく」という二つの言葉を持つようになれば、二語文の世界も見えてくる(★15)。

あかちゃんの言葉は少しずつ増えて、ある時期急速に増加する(11)。発声練習の進み具合が関係しないこともないだろうが(★11)、言葉の熟成期間の問題であろうと思う。「マンマ」と「ワンワ」の二語だけでも、その効用と意味について、あかちゃんには研究しなければならないことがいっぱいある。その間やたらに単語の数を増やすことはできない。

ある職場で誰かがパソコンを使い始める。パソコンに慣れない人たちが一斉にパソコンを使い始めれば業務全体が停滞する。最初に使い始めた人がパソコンの使い方を会得し、その効用を十分証明したところで、職場全体にパソコンが普及し始める。そういうことがいたるところで起きるという時代があった。あかちゃんは限られた数の単語で言葉の使い方とその効用を十分研究し、それから数を増やす。あかちゃんの言葉の急激な増加は言葉に対するあかちゃんの自信の証拠だと思う。だいじょうぶ、どんどん使えるわ、もっと増やしましょう。

(1) はじめての言葉・62頁　(2) 言葉の発達（一）〜「まんま」のその後〜・75頁　(3) 言葉の発達（二）〜「わんわ」〜・76頁　(4) 言葉の発達（三）〜幻の「めんめ」と「あお」〜・77頁　(5) 言葉の発達（六）〜「まんま」の発展〜・82頁　(6) 具体的な「わんわ」と抽象的な「わんわ」・87頁　(7) 色の認識・99頁　(8) ゴミの認識・99頁　(9) 一般名詞としてのタコ・101頁　(10) タコの話の補足・102頁　(11) 言葉の発達〜単語数のこと〜・105頁　(12) 犬猫のこと・107頁　(13) 雪だるまの絵・117頁

★15　言葉（五）〜文を作る〜

あかちゃんが発声練習の時に出す音の数は数百、世界中のどの言葉もその音の範囲内でできている（★11）。その音を組み立てて作られる言葉（単語）の数は一つの国語で万を超えるものらしい。その言葉を組み立てて作られる文の数は数えられない。人は誰でも自分で新しい文を作ることができるから、文は無限に生まれる。

言葉の数が増えてきたあかちゃんの次の研究テーマは「文を作る」ことだ。

「パパ、いっちゃった」「ママ、だめ」などが、あかちゃんが最初に作る文の範例で、二つの単語でできているから二語文と呼ばれる。あかちゃんの二語文は文法に則った完全な文であって、おとなが話す文の不完全なものではない。

あかちゃんの言葉は二つの類、Oクラス（open class：開放語）とPクラス（pivot class：軸語）に分かれていて、「パパ」「ママ」などはOクラス、「いっちゃった」「だめ」などはPクラスである。そして「O－P」と組み合わせるのが二語文の正しい文法であり、「P－O」の語順はないから、あかちゃんは「いっちゃった、パパ」「だめ、ママ」、とは言わない。「パパ、ママ」「いっちゃった、だめ」もない。二語文のこの仕組みは世界中のあかちゃんに共通だとされている。

二語文には文法という仕組みがあるから、それに合わせてあかちゃんは、誰も話したことのない文を自分で作ることができる。「パパ、いっちゃった」「ママ、だめ」が言えるあかちゃんが、新しく「わんわん」と言う言葉を覚えれば、「わんわん、いっちゃった」「わんわん、だめ」という文を必要に応じていつでも作ることができる。

言葉の数が少ないあかちゃんが少ない言葉を駆使して自由自在に文を作るから、独創的な二語文が生まれる。このあかちゃんの伯母さんが小さい時、昼の三日月を見て「おひさま、とんでる」「おひさま、こわれちゃった」と言った。彼女は数日前に「おひさま、まぶしいねぇ」「トンボがとんでるよ」という言葉を聞いたばかりだった。なかなかの名文に思えるが、類例は他にもいくらもある。風で倒れたひまわりを見て「お花ころんじゃった」、水車を見て「お水すべってる」、鼾をかいて寝ているおじいちゃんを見て「お鼻こわれちゃった」。集めれば一冊の本になる。

どんな行動もそうであるように、二語文が突然現れるわけはない。育児日記の中を探せば、二語文という芽が出るための胚芽は容易に見つかる。

「マンマ」と言う言葉を使うようになったあかちゃんが、絵本を持ってきて「マンマ」と言えば、お母さんが読んでくれる。棚を見て「マンマ」と言えば玩具が取ってもらえる。両腕を広げて「マンマ」と言えば抱っこしてもらえる(★12)。「えほん、よんで」「おもちゃ、とって」「ママ、だっこして」、これはOクラスの言葉の代わりに物や動作を使った二語文だ。

そう思い当たってみれば、「マンマ」の言葉がでる前から二語文の仕組みはあかちゃんにあった。クレヨンを床下収納庫の穴に入れ、お粥を床にたらし、バターを冷蔵庫の扉に塗り、あかちゃんはさかんに新しい行動を発明した(★4)。「クレヨン、いれる」「おかゆ、すてる」「バター、ぬる」これは物と動作を組み合わせた二語文だ。

新しい文を作り出す仕組みはそれだけが独立した特異なものではなく、人が行動を組み立てる仕組みの一部であろうかと思う。

二語文は一つのものに二つの言葉を使う。「でんき、いっぱい(3)」、どこかできれいな電飾を見たのであろうか、電飾は「でんき」であり「いっぱい」でもある。クレヨンについて、あかちゃんは「きいろ」や「あお」などの言葉の意味を掴みかねていた。でも今それがわかる。クレヨンは「くれよん」であり「きいろ」や「あお」でもある。「くれよん、きいろ」「くれよん、あお」と言えばいいのだ。もう大丈夫、どんどん増やしましょう、「あか」も「みどり」も「ピンク」も⑸、わたしぜんぶ知っているの。だから「みどり、ゆきだるま」も「ピンク、ゆきだるま」もパパとママにいっぱい描かせるの。

二語文が先か形容詞が先か、いずれにせよ形容詞の使い方が決まればこれは便利だ⑷。「クレヨン、きいろ」「きいろ、はっぱ」、「きいろ」はOクラスとしてもPクラスとしてもよく働く。「おおきい」「ちいさい」「おもい」「いっぱい」「こわい」、単独でも、二語文でも使うべき場面はいっぱいある。

あかちゃんはお話したい。「あーあー」と言えれば「あーあー」と話す。「バブバブ」が出てくれば「バブバブ」で話す。言葉が足りなければ、「バブバブ」で間に合わせてたくさんしゃべる⑴。もっとたくさん話したいという気持ちはいつも話せる言葉の先を行く。二語文を話すようになって「バブバブ」の新しい使い道がみつかった。「バブバブ」をPクラスに使う。「ばーちゃん×○△□……」。なるほど、そうすればいつまでも話していられる。でも形容詞をたくさん使うようになって「バブバブ」が減ってきたようだという⑷。そろそろ出鱈目しゃべりは卒業かもしれない。

「あわんわ」の「あ」には「わんわ」について何か特別な気持ちが籠められているか、それともただの音の飾りか⑵、いずれであっても、もっと何かを話したいから「わんわ」という言葉に何かを加える。そうだとすれば、「あわんわ」を二語文と見なすのは無理だとしても、二語文に向かうためにあかちゃんが研究中の言葉であると言うことはできる。

語尾に「だ」「だよ」がつけば二語文になるか。「わんわだ」と言えば確信の、「わんわだよ」といえば主張の意味が加わる。「こっちだよ」という一語から「だよ」が分離していろいろな単語につけて使いこなす、お母さんの観察がそうであれば(3)、「だ」「だよ」はPクラス、「わんわだよ」は二語文ということになる。

(1)赤ちゃんの「お話」は言語か・22頁 (2)言葉の発達(五)〜「あ」〜・79頁 (3)言葉の発達〜二語文のこと〜・106頁 (4)便利な形容詞・116頁 (5)雪だるまの絵・117頁

★16 お絵描き〜クレヨンのマンマ〜

あかちゃんのお絵描きが始まった(1)。あかちゃんの絵はまる囲みから始まる。ゆきだるまを描くか、それともママかわんわんかアンパンマンか、それはあかちゃんそれぞれの成り行き次第でさまざまだが、何を描くにしても最初に描くものはまる囲みだ。

あかちゃんはクレヨンを持ってまずグジャグジャ描きやグルグル描きをする。こうやると、描けるの、グジャグジャ、グルグル、ほらね。グジャグジャやグルグルは言葉の「バブバブ」と同じでどんな制約もない。できることをする。始まりも終わりもないのはあかちゃんの遊びの特権だ(★4)。

まる囲みはそうではない。出発したクレヨンは出発点に戻ってこなければならない。戻ってきて囲みを閉じてそこで終わる。囲みを閉じればそこに何か一つの物がある。わたし、これを描いたの。まる囲みは最初の言葉「マンマ」と同じだ。「マンマ」一つあれば他の言葉はいらないというほどに「マンマ」の使い道は広い(★12)。あかちゃんは「まんま」の意味を様々に発明したように(★14)、まる囲みの意味も発明する。ぐるっと回して閉じて、これ、これ、わんわんよ。ママでもブーブでもなんでも、まる囲みはあかちゃんの思う物になる。

まる囲みは何でもなれるが、あかちゃんはもっと何か詳しく描きたいからもっと何か描き加える。たいていはもう一つのまる、あるいは点や棒などで、まるの中に収まったり外にくっついたりして、お目々やお口、手や足になったりする。なんでもいいから何かということもあるらしく、グジャグジャ、グルグルを描き加えたりする。言葉が足りなければ「バブバブ」で間に合わせるのと同じだ。だから何の絵なのか、お母さんにもなかなか読み解けない。時を隔てるとたいていは、描いた本人も何だったかわからなくなるものらしい。

「マンマ」や「ワンワ」がいかに自在気儘な言葉であっても、あかちゃんの言葉はお母さんと共有できるものでなければならない。お母さんとの言葉の共有を求めて、あかちゃんはあれこれ言葉の研究をする。「きいろ」「あお」の意味を突き止め(★14)、二語文の文法に則して文を作り(★15)、あかちゃんはこの国の言葉をお母さんと共有する。

まる囲みの絵はあかちゃんの自在気儘だ。それでもあかちゃんはもっと詳しくたくさんのことを描くために、お絵描きの研究をする。まるの中に二つ並んだ小さいまるが「目」に見えて、まるの外に付け加えられた棒が「手」や「足」に見えるのは、「人が物を見る法則」がそうなっているからだ。絵本をいっぱい見て、パパとママにいっぱい絵を描かせて、そうやって材料を集めて、あかちゃんは人が物を見る法則に従ってお絵描きの研究を進める。だからあかちゃんの絵はだんだん人と共有できるようになる。

どんな雄弁家も口べたも、あかちゃんの時には「あーあー」とお話しし、「バブバブ」と囀り、「マンマ」「ワンワ」と言葉を使い、二語文を作った。

どんな優れた画家も絵心がないという人も、かって一度はグジャグジャ、グルグルを描き、まる囲みの絵を描いた。このあかちゃんの「ねているゆきだるま」を見れば、誰もが歩む描画の道をこのあかちゃんも歩み始めたということがわかる。でもこのあかちゃんに画才というものがあるかどうかはまだわからない。

(1) 雪だるまの絵・117頁

☆17　結び

あかちゃんの「心理学ものがたり」は、一人のあかちゃんによって語られる。多数のあかちゃんを平均したあかちゃんのものがたりなどというものはない。そして一人のあかちゃんのものがたりはすべてのあかちゃんのものがたりでもある。

育児日記の日々に即してあれこれを書いてきたが、書き終えて読み直してみれば、これはあかちゃんに限られたものがたりではない。人のものがたりなのだと思う。

一つの命の小さなものがたりがすべての人の生について語る、たくさんのこども達がそういうものがたりを私に語ってくれた。「育児日記」と同じようにそれを楽しく書き留めて本になった(1)。

こども達のものがたりはどのものがたりも、人のものがたりとして同じ謎解きの鍵を持つ。もう少し書き述べるべきかと迷ったことも幾つかあるが、このあかちゃんのものがたりを煩瑣にしないために省略した。前著(1)がその言葉の補いになろうかと思う。

(1) 中野尚彦、障碍児心理学ものがたり—小さな秩序系の記録—Ⅰ、Ⅱ、二〇〇六年、二〇〇九年、明石書店

あかちゃんは可愛い。柔らかくて温かくて、にっこり微笑んで、それはそうだが、そういう話ではない。

あかちゃんがミルクのコップをひっくり返してお母さんが切れている。「入れることを学ぶ前に捨てることを学ぶのです」と教えてあげるが、「そんなこと言ったってえー」とお母さんは治まらない。それはまあそうでしょうが、隙を見てもう一度ひっくり返したあかちゃんに思わず拍手を送りたくなる。小さな勇者だ。

生まれれば育つ。この世界に生まれたのだからこの世界を知り、この世界の扱い方を会得して、この世界を征服しなければならない。それがあかちゃんの育ちだ。ミルクがコップに入って出てきた。これはひっくり返してみなければならない。あかちゃんは世界征服の旅路にある小さな勇者だ。そう思えばこれほど魅力的で可愛いものはない。

親子は旅の仲間だ。叱って泣いて、怒って甘えて、もめ事は絶えないが、深い絆に結ばれた同伴者だ。同伴を経験したことのある人もない人も、これから経験するかも知れない人も、あかちゃんは小さな勇者だと思えば、その冒険に満ちた旅路を思えば、このありふれた育児日記を楽しむことができるのではないかと思っています。

あかちゃんの旅のものがたりは、お母さんが「前書き」に書いたとおり、あかちゃんが普通の人になって終わる。「なーんだ」と思われるかも知れないが、人はみなあかちゃんの時が花であり、誰にも花の時はあったのです。この育児日記のあかちゃんは今花の盛りで、この先数年花の時は続きます。

平成二七年一一月

中野　尚彦

著者略歴

田子　亜木子（たご・あきこ）
1970年生れ，札幌市在住，主婦。

中野　尚彦（なかの・なおひこ）
1940年生れ，前橋市在住，群馬大学名誉教授。
著書「障碍児心理学ものがたり－小さな秩序系の記録－Ⅰ，Ⅱ」
2006年，2009年，明石書店

育児日記が語る　赤ちゃん心理学 1

2015年12月30日　第1刷発行

著者　田子亜木子
　　　中野尚彦
発行者　中村裕二
発行所　(有)川島書店
〒160-0023
東京都新宿区西新宿7-15-17
電話 03-3365-0141
(営業) 電話 048-286-9001
FAX 048-287-6070

Printed in Japan　DTP・風草工房／印刷 製本・平河工業社

落丁・乱丁本はお取替いたします　振替・00170-5-34102

＊定価はカバーに表示してあります

ISBN978-4-7610-0905-2 C3011